切っても切ってもかわいい絵柄
生地が冷凍できる天然色のやさしいおやつ

みのたけ製菓の
アイスボックスクッキー

誠文堂新光社

みのたけ製菓のアイスボックスクッキーについて

01 切っても切っても同じ絵柄が出てくる

棒状に形成したクッキーの生地は、切っても切っても同じ絵柄が出てきます。ちょっとずつ表情がちがうのも、味わいがあります。

02 型がなくてもかわいいモチーフができる

ブロックのようにパーツを組み立てて作るアイスボックスクッキーは、型がなくてもさまざまな形や模様を、色み豊かに作ることができます。

03 いつでも焼きたてのクッキーが楽しめる

生地を作って成形しておけば、食べたいときに切って、いつでも焼きたてのクッキーを楽しむことができます。プレゼントなどにもぴったりです。

04 冷凍保存ができて日持ちする

生地を冷凍しておけば、約1ヶ月間保存しておくことができます。成形する前の色の着いた生地も冷凍保存ができるので、多めに作りすぎてしまっても安心！

contents

基本のモチーフを作る

- 4 ぐるぐる・作り方
- 6 丸太・作り方
- 8 しましま・作り方
- 10 ブロック・作り方
- 12 column1 いろいろな色で作る

いきもののモチーフを作る

- 14 ねこ・小魚
- 16 おかっぱちゃん、りんご
- 18 アヒル、いぬ・ほね
- 20 とり（オカメインコ・文鳥・インコ）
- 22 虹、かえる
- 24 花・葉っぱ
- 26 りす・どんぐり、ひつじ
- 28 ぱんだ、ヒグマ・鮭
- 30 ライオン・木
- 32 コアラ・葉っぱ、ふくろう
- 34 ペンギン、シロクマ
- 36 覆面レスラー（かぶり・ハーフ・トライアングル）
- 38 column2 2色で作る

イベントのモチーフを作る

- 40 ケーキ・プレゼント
- 42 カボチャ・魔女の帽子
- 44 くつ下・ツリー

基本の作り方

- 46 基本の道具
- 47 基本の材料
- 48 基本の生地の作り方
- 50 生地色の種類
- 52 基本のパーツの作り方

モチーフの作り方

- 54 ねこ・小魚
- 56 おかっぱちゃん
- 58 りんご
- 59 アヒル
- 60 いぬ・ほね
- 62 とり（オカメインコ）
- 63 とり（文鳥）
- 64 とり（インコ）
- 66 虹
- 67 かえる
- 68 りんご
- 70 花・葉っぱ
- 72 ひつじ
- 74 ぱんだ
- 76 ヒグマ・鮭
- 78 ライオン・木
- 80 コアラ
- 82 ふくろう
- 84 シロクマ
- 86 ペンギン
- 87 覆面レスラー（かぶり）
- 88 覆面レスラー（ハーフ）
- 89 覆面レスラー（トライアングル）
- 90 ケーキ
- 91 プレゼント
- 92 カボチャ
- 93 魔女の帽子
- 94 くつ下
- 95 ツリー

本書の決まりごと

- ◎ 卵はMサイズを使用しています。
- ◎ バターは、食塩不使用のものを使用しています。
- ◎ 色付けに使用するパウダーは、商品によって発色に差があらわれます。
レシピの分量を目安にしながら微調整をして色味を調整してください。
- ◎ パーツサイズの［長さ］はすべて8cmに統一しています。
- ◎ シートは右記のようにサイズを表記しています。
- ◎ 冷蔵庫や冷凍庫は使用年数や機種により
冷蔵・冷凍時間に差がありますので、表示の時間を目安にして様子をみて調整してください。
- ◎ ⇒15分冷凍 は冷凍時間の目安を記載しています。表示の時間を目安にして、
成形しやすい固さにしてから作業してください。カットするとき、少し力を入れるとスッと切れ、
なおかつ生地がつぶれない固さが理想です。固いままカットすると生地が割れてしまい、
柔らかすぎると生地がつぶれてしまうので慎重に行いましょう。
- ◎ 解凍は、冷蔵庫に入れて少しずつ解凍してください。
- ◎ 電気オーブンとガスオーブンのどちらでも使用できます。使用年数や機種により
温度、焼き時間に差がありますので、表示の時間を目安にして様子をみて調整してください。
- ◎ クッキーを焼くときは、天板にオーブンシートを敷き、
その上に切り分けた生地をくっつかないように並べてオーブンに入れましょう。
- ◎ クッキーが焼き上がったら、必ず粗熱をとりましょう。やけどの危険があるので注意しましょう。
- ◎ 焼き上がったクッキーは、密閉容器やジッパー付きの保存袋に乾燥剤を入れて保存してください。

基本のモチーフを作る

Basic 01 ぐるぐる

2枚の生地を重ねて、
ぐるぐるぐるぐる……、
あっという間に完成です。
どこかなつかしい
ほっとするおいしさのクッキーです。

材料

★バター生地（できあがり約100g）
無塩バター……………………………50g
粉砂糖…………………………………38g
全卵……………………………………13g
塩………………………………1つまみ程度

🟡白／プレーン
（できあがり約100g）
★バター生地…………………………50g
♥薄力粉………………………………41g
　アーモンドパウダー…………………9g

🟤茶色／ココア
（できあがり約100g）
★バター生地…………………………50g
♥薄力粉………………………………36g
　アーモンドパウダー…………………7g
　ココアパウダー………………………7g

作り方

1 ★の材料でバター生地を作る（作り方は48ページ参照）。
2 ♥の材料を加え、2色の生地を作る。

※長さはすべて8cm

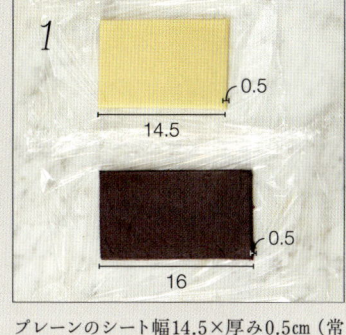

1 プレーンのシート幅14.5×厚み0.5cm（常温）、ココアのシート幅16×厚み0.5cm（常温）を作る。

2 ラップの上に、1を片方の辺を1cmほどずらして重ねる。

3 プレーンの断面をココアのシートで覆うように包み、なじませる。

4 ラップを使用して、3を巻く。このとき、生地に亀裂ができないよう、ラップを持ち上げながらゆっくり巻くようにする。

5 巻きおわった状態。

6 手でころころと転がし、形を整えながら接続部分をなじませる。
⇒30分以上冷凍

7 6を解凍し、包丁で0.7〜0.8cmにスライスする。

完成
170℃に予熱しておいたオーブンで15分ほど焼き、温度を160℃に下げ、さらに3分ほど焼く。

Basic 02 丸太

樹木の年輪のような
同心円状の模様が独特。
焼きたてホクホクも
冷ましてサクサクも
どちらもおいしい、
シンプルな取り合わせです。

材料

★ バター生地（できあがり約100g）
無塩バター ………………………… 50g
粉砂糖 ……………………………… 38g
全卵 ………………………………… 13g
塩 …………………………… 1つまみ程度

● 白／プレーン
（できあがり約80g）
★ バター生地 …………………… 40g
♥ 薄力粉 ………………………… 33g
　アーモンドパウダー …………… 7g

● 茶色／ココア
（できあがり約120g）
★ バター生地 …………………… 60g
♥ 薄力粉 ………………………… 44g
　アーモンドパウダー …………… 8g
　ココアパウダー ………………… 8g

作り方

1 ★の材料でバター生地を作る（作り方は48ページ参照）。
2 ♥の材料を加え、2色の生地を作る。

※31ページ【木】の作り方はこのページのプロセス1〜4を参考にしてください。

※長さはすべて8cm

1

ココアのシート幅6×厚み0.5cm（常温）の上に、プレーンの円柱直径1cm（冷凍）をのせる。

2

1を巻いて、形を整える。
⇒15分冷凍

3

プレーンのシート幅11×厚み0.5cm（常温）で2を巻く。

4

ちょうど1周巻いたら、巻きおわりの余分を包丁でカットして、切断面をなじませる。
⇒15分冷凍

5

ココアのシート幅14×厚み0.5cm（常温）で4を巻く。

6

ちょうど1周巻いたら、巻きおわりの余分を包丁でカットして、切断面をなじませる。
⇒30分冷凍

7

6を解凍し、包丁で0.7〜0.8cmにスライスする。

完成

170℃に予熱しておいたオーブンで15分ほど焼き、温度を160℃に下げ、さらに3分ほど焼く。

Basic 03 しましま

横にするとおだやかなボーダー。縦にするとシュッとしたストライプ。幅の大・小の組み合わせ方によって、変化に富んだ柄を生み出すことができます。

※長さはすべて8cm

5
4に残りの2枚を交互に重ねる。

1
ココアの生地100g（常温）を用意してめん棒でのばし、シート幅4×厚み0.8cm（常温）を2枚作る。

材料

★バター生地（できあがり約100g）
無塩バター……………………50g
粉砂糖…………………………38g
全卵……………………………13g
塩……………………………1つまみ程度

🤍 白／プレーン
（できあがり約100g）
★バター生地……………………50g
♥薄力粉…………………………41g
　アーモンドパウダー……………9g

🟤 茶色／ココア
（できあがり約100g）
★バター生地……………………50g
♥薄力粉…………………………36g
　アーモンドパウダー……………7g
　ココアパウダー……………………7g

6
ラップで包み、接続部分を手でなじませる。
⇒30分冷凍

2
プレーンの生地100g（常温）を用意してめん棒でのばし、シート幅4×厚み0.8cm（常温）を2枚作る。

作り方

1 ★の材料でバター生地を作る（作り方は48ページ参照）。
2 ♥の材料を加え、2色の生地を作る。

7
6を解凍し、包丁で0.7〜0.8cmにスライスする。

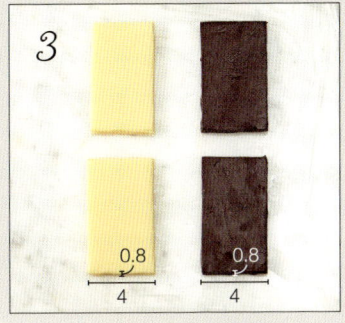

3
1と2のパーツを揃える。

完成
170℃に予熱しておいたオーブンで15分ほど焼き、温度を160℃に下げ、さらに3分ほど焼く。

4
3のそれぞれ1枚を重ねる。このとき、4角を揃えて重ねるように注意する。

Basic 04 ブロック

色違いの正方形を交互に配した、格子状に規則正しく広がるブロック模様。
かんたんだけど、手が凝ったような仕上がりになるので、特別な贈り物にも。

※長さはすべて8cm

1
ココアのシート幅4×厚み1cm（常温）2枚とプレーンのシート幅4×厚み1cm（常温）2枚を作り、それぞれ1枚ずつ重ねる。

5
4を上下交互に重ね合わせてラップで包み、手でなじませる。

材料
★バター生地（できあがり約100g）
無塩バター……………………50g
粉砂糖…………………………38g
全卵……………………………13g
塩…………………………1つまみ程度

● 白／プレーン
（できあがり約100g）
★バター生地……………………50g
♥薄力粉…………………………41g
アーモンドパウダー……………9g

● 茶色／ココア
（できあがり約100g）
★バター生地……………………50g
♥薄力粉…………………………36g
アーモンドパウダー……………7g
ココアパウダー…………………7g

2
1に残りの2枚を交互に重ねる。

6
なじませた状態。
⇒30分冷凍

作り方
1 ★の材料でバター生地を作る（作り方は48ページ参照）。
2 ♥の材料を加え、2色の生地を作る。

3
2を包丁で半分に切る。

7
6を解凍し、包丁で0.7〜0.8cmにスライスする。

4
3をさらに半分に切り、4等分にする。

完成
170℃に予熱しておいたオーブンで15分ほど焼き、温度を160℃に下げ、さらに3分ほど焼く。

column1

いろいろな色で作る

基本のモチーフを色違いで作ってみましょう。配色を変えるだけで、見た目はもちろん味わいもがらりと変わります。

a. プレーン×抹茶

b. プレーン×紫芋

c. プレーン×きなこ

d. 紫芋×抹茶

a.
★バター生地
（できあがり約100g）
無塩バター……50g
粉砂糖……38g
全卵……13g
塩……1つまみ程度
● 緑／抹茶
（できあがり約100g）
★バター生地……50g
♥薄力粉……37g
　抹茶パウダー……6g
　アーモンドパウダー……7g
● 白／プレーン
（できあがり約100g）
★バター生地……50g
♥薄力粉……41g
　アーモンドパウダー……9g
作り方参照 → 5ページ

b.
★バター生地
（できあがり約100g）
無塩バター……50g
粉砂糖……38g
全卵……13g
塩……1つまみ程度
● 紫／紫芋
（できあがり約100g）
★バター生地……50g
♥薄力粉……36g
　紫芋パウダー……7g
　アーモンドパウダー……7g
● 白／プレーン
（できあがり約100g）
★バター生地……50g
♥薄力粉……41g
　アーモンドパウダー……9g
作り方参照 → 5ページ

d.
★バター生地
（できあがり約70g）
無塩バター……35g
粉砂糖……27g
全卵……9g
塩……1つまみ程度
● 緑／抹茶
（できあがり約100g）
★バター生地……50g
♥薄力粉……37g
　抹茶パウダー……6g
　アーモンドパウダー……7g
● 紫／紫芋
（できあがり約40g）
★バター生地……20g
♥薄力粉……15g
　紫芋パウダー……3g
　アーモンドパウダー……3g
作り方参照 →
7ページのプロセス1～4

c.
★バター生地
（できあがり約70g）
無塩バター……35g
粉砂糖……27g
全卵……9g
塩……1つまみ程度
● ベージュ／きなこ
（できあがり約100g）
★バター生地……50g
♥薄力粉……37g
　きなこ……7g
　アーモンドパウダー……7g
● 白／プレーン
（できあがり約40g）
★バター生地……20g
♥薄力粉……16g
　アーモンドパウダー……4g
作り方参照 →
7ページのプロセス1～4

f.

★バター生地
（できあがり約100g）
- 無塩バター……………50g
- 粉砂糖…………………38g
- 全卵……………………13g
- 塩………………1つまみ程度

● 茶／ココア
（できあがり約100g）
- ★バター生地…………50g
- ♥薄力粉………………36g
-   ココア…………………7g
-   アーモンドパウダー……7g

● 黄／カボチャ
（できあがり約100g）
- ★バター生地…………50g
- ♥薄力粉………………36g
-   パンプキンパウダー……7g
-   アーモンドパウダー……7g

作り方参照 → 9ページ

e.

★バター生地
（できあがり約100g）
- 無塩バター……………50g
- 粉砂糖…………………38g
- 全卵……………………13g
- 塩………………1つまみ程度

● ピンク／ストロベリー
（できあがり約100g）
- ★バター生地…………50g
- ♥薄力粉………………35g
-   ストロベリーパウダー……8g
-   アーモンドパウダー……7g

● 黒／ブラックココア
（できあがり約100g）
- ★バター生地…………50g
- ♥薄力粉………………35g
-   ブラックココア…………5g
-   ココア…………………3g
-   アーモンドパウダー……7g

作り方参照 → 9ページ

e. ブラックココア ✕ ストロベリー

variety of colors

f. カボチャ ✕ ココア

g. カボチャ ✕ ストロベリー

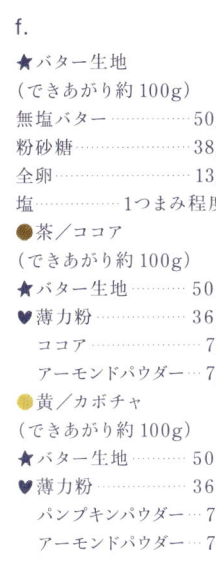

h. 紫芋 ✕ カボチャ

h.

★バター生地
（できあがり約100g）
- 無塩バター……………50g
- 粉砂糖…………………38g
- 全卵……………………13g
- 塩………………1つまみ程度

● 紫／紫芋
（できあがり約100g）
- ★バター生地…………50g
- ♥薄力粉………………36g
-   紫芋パウダー……………7g
-   アーモンドパウダー……7g

● 黄／カボチャ
（できあがり約100g）
- ★バター生地…………50g
- ♥薄力粉………………36g
-   パンプキンパウダー……7g
-   アーモンドパウダー……7g

作り方参照 → 11ページ

g.

★バター生地
（できあがり約100g）
- 無塩バター……………50g
- 粉砂糖…………………38g
- 全卵……………………13g
- 塩………………1つまみ程度

● 黄／カボチャ
（できあがり約100g）
- ★バター生地…………50g
- ♥薄力粉………………36g
-   パンプキンパウダー……7g
-   アーモンドパウダー……7g

● ピンク／ストロベリー
（できあがり約100g）
- ★バター生地…………50g
- ♥薄力粉………………35g
-   ストロベリーパウダー……8g
-   アーモンドパウダー……7g

作り方参照 → 11ページ

いきもの のモチーフを作る

01 ねこ・小魚

くりんとした瞳がかわいいねこ。
ココアパウダーの味わいを
ほのかに感じます。
余った生地を使った、大好物の
小魚クッキーと一緒に。

作り方▶54〜55ページ

02

おかっぱちゃん

まるで姉妹のような、
おかっぱ頭の子どもたち。
断面によって変わる、
絶妙な表情の変化が面白い。
ココアパウダーと抹茶のパウダーで、
風味はちょこっと大人味です。

作り方 ▶ 56〜57ページ

03

りんご

シンプルなプレーン生地に、
ラズベリーの酸味が
よく合います。
果実の甘酸っぱさと
ほのかな甘みがはじけ
フルーティーな味わいです。

作り方 ▼ 58ページ

04 アヒル

お風呂にぷかぷか
浮かんでいるような
アヒルたちのクッキー。
カボチャの香りが広がって
ひとくちほおばると
ほっと心が落ち着きます。

作り方 → 59ページ

05

いぬ・ほね

きなこのクッキーはなんだかとてもほっとする味。やさしく広がるきなこの香りにほんのり香るココアの風味がいい味出してます。

作り方 ▼ 60〜61ページ

06

とり（オカメインコ・文鳥・インコ）

表情豊かなとりたちの集団。
とぼけた顔をした
とりもいるけれど、
どれもおいしいクッキーです。
みんなでなかよく
めしあがれ。

作り方▶62〜65ページ

07

虹

5色の生地を使用した、欲張りなクッキー。抹茶の苦み、ラズベリーの酸味、紫芋の甘み……どれも個性は強いけどクセになる味わいです。

作り方 → 66ページ

08 かえる

勢いよく飛び出てきた
かえるたちは、
お茶の香りが豊かな、
美しい緑色。
しっかりとした抹茶の風味が
ぎゅぎゅっと1枚に凝縮しています。

作り方→67ページ

09 花・葉っぱ

鮮やかな紫と
さわやかな緑の
見た目も美しいクッキー。
甘みと渋みが、引き立て合い、
食べる手が止まりません。

作り方 → 68〜69ページ

10 りす・どんぐり

むしゃむしゃ……と、
音が聞こえてきそう。
大好物のどんぐりに
かじりつく姿は、大物の貫禄。
プレーンとココアで
なんとも食欲をそそります。

作り方 ▶ 70〜71ページ

11 ひつじ

こんがりこうばしい
焼き目のついたひつじ。
何枚でも食べられそうな、
プレーンときなこの
素朴な風味が持ち味です。

作り方▶72〜73ページ

12 ぱんだ

プレーンと少量加えた
ココアパウダーの味が
オーソドックスな組み合わせ。
シンプルな取り合わせだからこそ
ほのかな甘みが際立ちます。

作り方▶74〜75ページ

28

13 ヒグマ・鮭

ココア生地を
たっぷりと使いました。
黒ごまの生地で作った
大好物の鮭を添えてあげれば
ヒグマもきっと
喜んでくれるはず。

作り方 → 76〜77ページ

14 ライオン・木

1枚で大満足できるビッグサイズ。
ほろ苦いココア生地とやさしい甘みのカボチャ生地が交互にやってきて、案外ぺろりと食べられます。

作り方▶78〜79ページ

15
コアラ・葉っぱ

こんがり焼き目がたまらない。
細かいごまが、
生地全体に広がった、
素朴な焼き上がり。
ごまの風味がくせになり、
つい手が伸びてしまいます。

作り方→80〜81ページ
葉っぱの作り方→69ページ

16

ふくろう

ものすごく目線を感じる
そんな絵柄のクッキー。
ココアときなこの生地の
しあわせな組み合わせ。
お茶タイムにどうぞ。

作り方▼82〜83ページ

17 ペンギン

シンプルな素材で焼き上げるペンギンのクッキー。表情に素朴さが増してなんだかいい顔をしています。

作り方 ▶ 86ページ

18 シロクマ

猛獣の貫禄がない
やさしい表情のシロクマ。
プレーン生地の合間から
時々のぞく紫芋の甘みが
ほんのり香ります。

作り方→84〜85ページ

19 覆面レスラー
(かぶり・ハーフ・トライアングル)

3人そろっても、
敵に勝てなさそうな
頼りない覆面レスラー。
ほんのり甘くて
優しい風味のレスラーさん。
そのおいしさは正義です。

作り方→87〜89ページ

37

column 2

2色で作る

パウダーが揃わない、そんなときは2色の生地で作ってみましょう。プレーンとココアを交互に配色するだけでも、複数のパウダーを使用したものと同様に、絵柄を楽しめます。

花

★バター生地
（できあがり約260g）
無塩バター ……………………… 130g
粉砂糖 ……………………………… 99g
全卵 ………………………………… 34g
塩 …………………………… 3つまみ程度

● 茶／ココア
（できあがり約390g）
★バター生地 ………………… 195g
♥薄力粉 ………………………… 141g
　アーモンドパウダー ……… 27g
　ココアパウダー …………… 27g

○ 白／プレーン
（できあがり約125g）
★バター生地 …………………… 63g
♥薄力粉 …………………………… 51g
　アーモンドパウダー ……… 11g

作り方 → 68〜69ページ

ねこ

★バター生地
（できあがり約265g）
無塩バター ……………………… 132g
粉砂糖 …………………………… 100g
全卵 ………………………………… 35g
塩 …………………………… 3つまみ程度

● 茶／ココア
（できあがり約260g）
★バター生地 ………………… 130g
♥薄力粉 …………………………… 94g
　アーモンドパウダー ……… 18g
　ココアパウダー …………… 18g

○ 白／プレーン
（できあがり約270g）
★バター生地 ………………… 135g
♥薄力粉 ………………………… 111g
　アーモンドパウダー ……… 24g

作り方 → 54〜55ページ

覆面レスラー

★バター生地
（できあがり約220g）
無塩バター	110g
粉砂糖	82g
全卵	30g
塩	2つまみ程度

●茶／ココア
（できあがり約310g）
★バター生地	155g
♥薄力粉	112g
アーモンドパウダー	22g
ココアパウダー	22g

○白／プレーン
（できあがり約130g）
★バター生地	65g
♥薄力粉	53g
アーモンドパウダー	12g

作り方 → 87ページ

プレゼント

★バター生地
（できあがり約220g）
無塩バター	110g
粉砂糖	82g
全卵	30g
塩	2つまみ程度

●茶／ココア
（できあがり約70g）
★バター生地	35g
♥薄力粉	25g
アーモンドパウダー	5g
ココアパウダー	5g

○白／プレーン
（できあがり約370g）
★バター生地	185g
♥薄力粉	152g
アーモンドパウダー	33g

作り方 → 91ページ

虹

★バター生地
（できあがり約175g）
無塩バター	88g
粉砂糖	66g
全卵	23g
塩	2つまみ程度

●茶／ココア
（できあがり約205g）
★バター生地	103g
♥薄力粉	74g
アーモンドパウダー	14g
ココアパウダー	14g

○白／プレーン
（できあがり約135g）
★バター生地	68g
♥薄力粉	55g
アーモンドパウダー	12g

作り方 → 66ページ

＊各ページの作り方を参考に、2色の生地を使用して作ってみましょう。

20 ケーキ

イベントのモチーフを作る

誕生日など、お祝いのシーンにぴったりのモチーフ。プレーンとココア、ストロベリーの生地を使用したほんもののケーキのようなクッキー。

作り方 → 90ページ

21 プレゼント

華やかな色の組み合わせが
とてもハッピーなプレゼント。
切って重ねるだけなので
かんたんに仕上がります。
2色のリボンで
おめかししましょう。

作り方 ▼ 91ページ

22 カボチャ

まるでほんものように
ゴツゴツでふぞろいな
ハロウィンのカボチャたち。
カボチャと紫芋の香りが、
秋の雰囲気を演出します。

作り方 ∨ 92ページ

23

魔女の帽子

他のモチーフと組み合わせて飾っても楽しい魔女の帽子のクッキー。ハロウィンの雰囲気をグッと盛り上げてくれるとっておきのモチーフです。

作り方 → 93ページ

24 くつ下

もこもこの質感と
紫芋とカボチャの色合いに
あたたかみを感じます。
こうばしく焼けた
くつ下のふちが
見た目にもほっこり。

作り方 ▷ 94ページ

25 ツリー

赤、緑、白の、3色の
クリスマスカラー。
イベントの訪れを
感じさせる配色が、
ワクワクとした気持ちを
そそります。

作り方 ▷ 95ページ

基本の道具

a. ボウル
深めのボウルを数種類用意すると便利。
生地の色を変える際は、違うボウルを使うようにしてください。

b. 粉ふるい
薄力粉やアーモンドパウダー、粉砂糖、
色生地用のパウダーを合わせてふるうときに使用します。

c. スケール
1g単位で測れる電子タイプがおすすめ。
材料をきちんと測ることがお菓子作りの基本です。

d. ゴムべら
生地をなめらかに混ぜ合わせるときに使用します。
へら部分がやわらかめなものが使いやすいです。

e. 定規
パーツのサイズを測るときに使用します。
目盛り入りのカッティングシートでも代用できます。

f. ホイッパー
空気を含ませながら材料を混ぜ合わせる道具。
材料をまんべんなく混ぜたり、生地を練るときに使用します。

g. 包丁
棒状に組み立てた生地をカットするときや、
パーツの形を整えるときに使用します。

h. めん棒
生地をのばし、シート状にするときに使用します。
長さは20cmほどのもので大丈夫です。

i. ラップ
生地の乾燥や、くっつきを防止するのに重宝します。
保存のときも、ラップに包みます。

j. はし・つまようじ
はしは生地にくぼみを作るときに、
つまようじは柄を描いたりするときに
使用します。

この本のレシピで使用する道具を紹介します。どれもお菓子作りの基本の道具なので、揃えておくと便利です。

基本の材料

本書で使用する基本の材料です。素材選びからこだわると、クッキーの仕上がりもひと味違うものになります。

a. 薄力粉
お菓子作りに適した市販の薄力粉を使用。
開封後は涼しい場所で保管するなど、
管理に気をつけましょう。

b. アーモンドパウダー
クッキーにこうばしさをプラスします。
生のパウダーなので、冷蔵庫で保存し、
早めに使い切るようにしましょう。

c. 粉砂糖
生地に溶けやすいので、お菓子作りにおすすめです。
口溶けがなめらかで、上品な甘さが特徴です。

d. 塩
生地に少量の塩を加えると、味が引き締まります。
本書では天然塩を使っています。

e. バター
食塩不使用のバターを使用します。
調理前に常温にもどし、やわらかくしておきましょう。

f. 卵
Mサイズの卵を使用します。卵を溶くときは、
カラザを取ってから、生地と合わせましょう。

g. 野菜パウダー・果物パウダー
この本では色生地を作るとき、
天然の野菜パウダー・果物パウダーなどを使用します。
スーパーマーケットなどで揃わない場合は
cotta などの製菓材料店で購入できます。
http://www.cotta.jp/

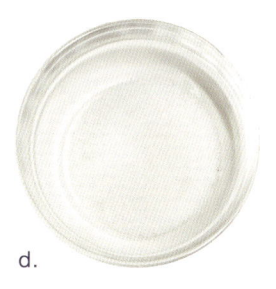

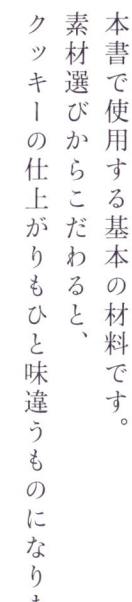

基本の生地の作り方

基本の生地3種の作り方を紹介します。バター生地の状態で野菜パウダーや果物パウダーを加えると、色のついた生地を作ることができます。

バター生地を作る

薄力粉とアーモンドパウダーを加えていない段階の生地です。この本で紹介しているすべてのクッキーのレシピで使用します。

◎無塩バター、粉砂糖、全卵、塩を用意する。

1 室温に戻した無塩バターを、ゴムべらで柔らかくなめらかになるまで混ぜる。

2 ふるってだまをとった粉砂糖を数回に分けて加え、飛び散らないようにホイッパーでゆっくり混ぜる。

3 粉砂糖が見えなくなるまでしっかり混ぜる。混ぜ合わさった状態は、白っぽくふんわりする。

> 中から外に広げるように混ぜ、外から中へ逆回しでも混ぜる。

4 あらかじめ溶いておいた卵を加え、卵が見えなくなるまでホイッパーで混ぜる。塩も加えて混ぜる。

5 卵がきれいに混ざり、なめらかな状態。==これでベースとなるバター生地が完成。==

> 冷蔵で2〜3日保存ができます。まとめて作っておくと便利です。

プレーン生地を作る

バター生地に、薄力粉、アーモンドパウダーを加えると、プレーンの生地になります。型抜きクッキーなどにも重宝します。

◎「バター生地を作る」の5の工程まで仕上げる。
◎薄力粉、アーモンドパウダーを用意する。

1 バター生地に合わせてふるっておいた薄力粉、アーモンドパウダーを半量加え、切るように混ぜ合わせる。

2 ある程度混ざったら、ボウルの底から生地をすくい上げ、ひっくり返すようにまんべんなく混ぜ合わせる。

色生地を作る

色生地を作るときは、基本の生地を作る途中でパウダーを加えます。今回は紫芋パウダーを使用した場合を紹介します。

◎「バター生地を作る」の5の工程まで仕上げる。
◎ 薄力粉、アーモンドパウダー、紫芋パウダーを用意する。

1
薄力粉、アーモンドパウダー、紫芋パウダーを用意し、合わせてふるっておく。

2
バター生地に1を加えてゴムべらで切るように混ぜ合わせる。

3
途中レモン汁(分量外)を少量加えると、色味が鮮やかになる(紫芋パウダーの場合のみ)。

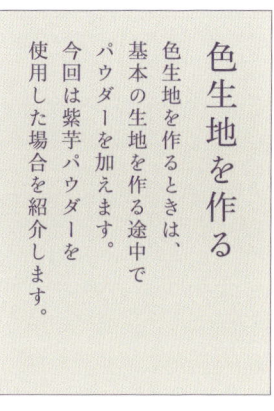

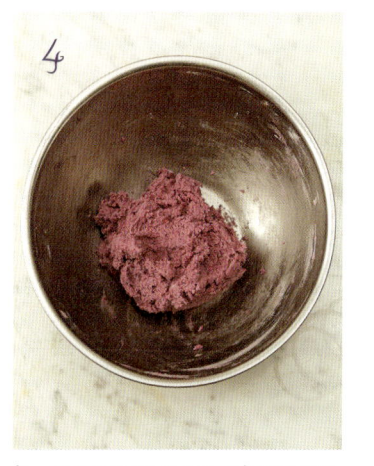

4
粉っぽさがなくなるまで丁寧に混ぜて、色生地が完成。

5
生地は100gずつ、ラップで包んで冷凍庫で保存すると、作業がしやすくなる。

3
写真のように粉っぽさがなくなるまで混ぜ合わせる。

粉っぽさが残らないように、丁寧にしっかり混ぜ合わせましょう。

4
残りの粉類を3に加え、またゴムべらで切るように混ぜ、続いて2のように混ぜ合わせる。

5
混ぜ合わさった状態。プレーンのクッキー生地が完成。

生地色の種類

この本では、野菜や果物などを粉末にした材料を使用して、色生地を作ります。それぞれの色の変化を参考にして、モチーフをきれいに仕上げましょう。

色	粉末	焼く前	焼いた後
プレーン	パウダーの分量で、濃度を調整することもできます。	白に近いクリーム色をしている。	焼き色がつきやすい。
ブラックココア ★	少量のココアパウダーと混ぜて、ココアの風味をプラス。	真っ黒な生地の色。生地がやわらかくなりやすい。	焼き色は目立たない。
すり黒ごま	すり黒ごまの粒が粗い場合は、さらにすって使う。	少量の黒ごまペーストを加えると、発色がさらによくなる。	焼き色がつきやすい。
紫芋パウダー ★	酸に反応すると赤紫色に、アルカリに反応すると青紫色に変化するので、混ぜ合わせに注意。	少量のレモン汁を加えると鮮やかな色になる。	焼く前より明るい色になる。
ココア ★	砂糖不使用のものを使用。	生地がやわらかくなりやすいので、冷たい状態で作業を。	焼き色は目立たない。

焼いた後	焼く前	粉末	色
焼き色は目立たない。	生地が程よく固く、扱いやすい。	砂糖不使用のものを使用。	きなこ ★
焼き色がつきやすい。焼く前より落ち着いた色になる。	生地が程よい固さで、扱いやすい。	パウダーは明るい色味が特徴。	パンプキンパウダー ★
焼く前より明るい色になる。直射日光に当たったり、日にちの経過で色があせてくるので注意。	濃い色の生地になる。	飲用の抹茶パウダーです。	抹茶パウダー ★
焼く前より大幅に落ち着いた色になるので、温度と焼き時間に注意。	酸味が強いので、他の生地との組み合わせに注意。	酸味が強いので、入れ過ぎに注意。	ラズベリーパウダー ★
焼く前より大幅に落ち着いた色になる。焼きすぎるとベージュになってしまうので注意。	色が薄い場合は、パウダーを追加すると発色がさらによくなる。	砂糖不使用で、濃い色味のものが最適。	ストロベリーパウダー ★

＊ ★はcottaで購入できます。http://www.cotta.jp/

基本のパーツの作り方

動物のモチーフを作るときに重宝する、基本のパーツの作り方を紹介します。これを覚えれば、アレンジ次第でオリジナルのモチーフを作るときに活用もできます。

耳

1 シートの上に、片方の辺を0.2cmほどずらして、三角柱を置く。

> 0.2cmの余分は、他のパーツと組み合わせるとき、のりしろの役割に。

2 ラップを持ち上げて1を巻く。このとき、ゆっくり巻くようにする。

3 余分を0.2cmほど残して生地を包丁でカットし、ラップで包んで三角柱を形成する。

4 完成。使用する直前まで冷凍庫に入れておくと、型くずれを防ぐことができる。

鼻（三角柱）

1 生地を手で転がして円柱状にし、ラップで包む。

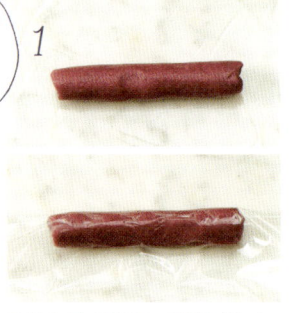

2 人差し指と親指でつまむようにして、三角柱を形成する。

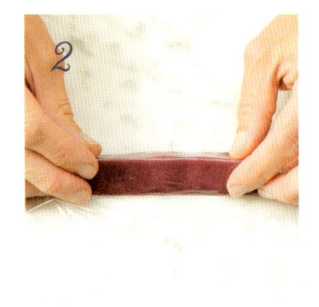

3 3つの角が一直線状になるように整える。

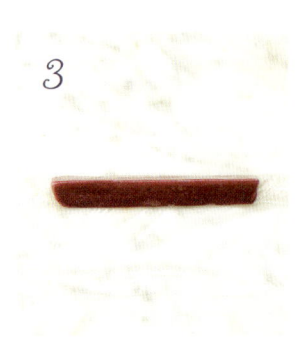

4 完成。使用する直前まで冷凍庫に入れておくと、型くずれを防ぐことができる。

シート

1 生地を2枚のラップで挟み、めん棒で広げる。

2 ある程度広がったら、片方のラップを直角に折り、角の方に向かってめん棒を転がす。

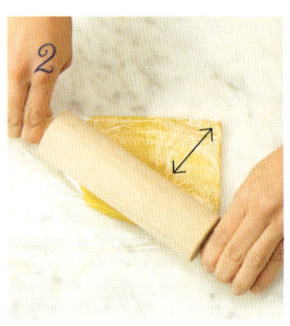

3 もう片方の角も2と同様に仕上げる。このとき、パーツのサイズに合わせてラップを折り曲げる。

4 2つの角が直角になったら完成。

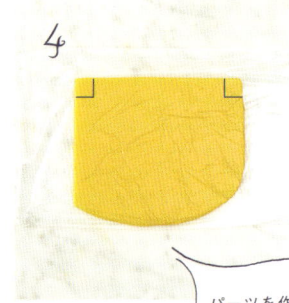

> パーツを作るときに生地の無駄を省くことができます。

目

*今回はねこ（14〜15ページ）の場合のサイズです。

1
シートの上に円柱をのせ、ラップを持ち上げて巻く。

2
余分を包丁でカットする。このとき、斜めに刃を入れると、接続部分の凹凸を軽減できる。

3
ラップで包み、ころころと転がしながら円柱を整える。

4
接続部分の凹凸が目立たなくなったら完成。使用する直前まで冷凍庫に入れておくと、型くずれを防ぐことができる。

口元

1
シート幅4×厚み0.2cmで円柱直径1.5cmを巻く。

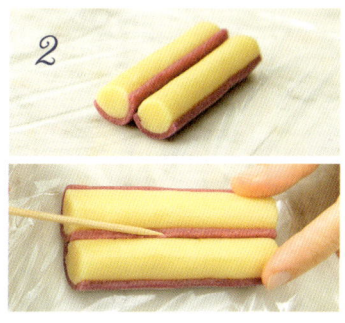

2
シート幅3×厚み0.2cmで円柱直径1.5cmを巻き、1と合わせ、接続部分をつまようじでなじませる。

3
三角柱1辺1.5cmを2の上にのせる。

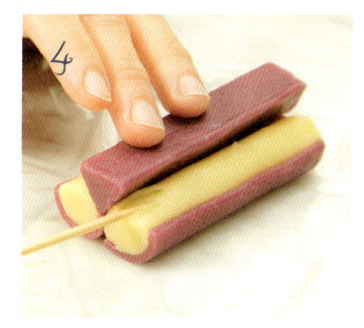

4
3の接続部分をつまようじでなじませる。

5
4を逆さにし、三角柱1辺1.5cmを作り、上にのせる。

6
5をラップで包み、手でなじませてすき間を埋める。

7
6を逆さにし、三角柱1辺1.5cmを鼻の横の左右のすき間に入れてなじませる。

8
7をラップで包み、形を整えたら完成。使用する直前まで冷凍庫に入れておくと、型くずれを防ぐことができる。

*モチーフによって、分量はすべて異なります。

01 ねこ

基本のパーツを作る
※長さはすべて8cm

耳
紫芋の三角柱1辺1.5cm（冷凍）をブラックココアのシート幅4×厚み0.5cm（常温）で巻いたパーツ2本

目
ブラックココアの円柱直径1.2cm（冷凍）をカボチャのシート幅5×厚み0.2cm（常温）で巻いたパーツ2本

鼻
紫芋の三角柱1辺1.5cm（冷凍）

口元
紫芋のシート幅4×厚み0.2cm（常温）、紫芋のシート幅3×厚み0.2cm（常温）で、プレーンの円柱直径1.5cm（冷凍）2本を包み、プレーンの三角柱1辺1.5cm（常温）でアゴ部分を埋めたパーツ

材料

★ バター生地（できあがり約265g）
- 無塩バター　　　　　　132g
- 粉砂糖　　　　　　　　100g
- 全卵　　　　　　　　　　35g
- 塩　　　　　　　　3つまみ程度

● 黒／ブラックココア（できあがり約220g）
- ★バター生地　　　　　110g
- ♥薄力粉　　　　　　　　77g
- アーモンドパウダー　　　17g
- ブラックココアパウダー　11g
- ココアパウダー　　　　　　6g

● 白／プレーン（できあがり約210g）
- ★バター生地　　　　　105g
- ♥薄力粉　　　　　　　　86g
- アーモンドパウダー　　　19g

● 紫／紫芋（できあがり約70g）
- ★バター生地　　　　　　35g
- ♥薄力粉　　　　　　　　25g
- アーモンドパウダー　　　　5g
- 紫芋パウダー　　　　　　　5g

● 黄／カボチャ（できあがり約30g）
- ★バター生地　　　　　　15g
- ♥薄力粉　　　　　　　　11g
- アーモンドパウダー　　　　2g
- パンプキンパウダー　　　　2g

※作り手の力加減によってパーツのサイズが異なるため、実際の使用より多めの分量にしています。

作り方

1. ★の材料でバター生地を作る（作り方は48ページ参照）。
2. ♥の材料を加え、4色の生地を作る。

1 鼻と口元のパーツを作る（作り方は52〜53ページ参照）。
⇒5分冷凍

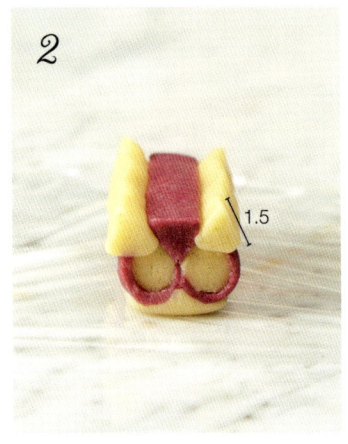

2 プレーンの三角柱1辺1.5cm（常温）2本を1の鼻の横に左右1本ずつ入れ、なじませてすき間を埋める。
⇒5分冷凍

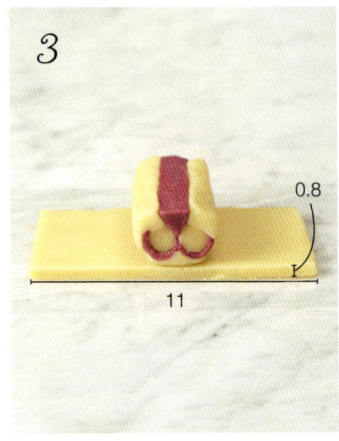

3 プレーンのシート幅11×厚み0.8cm（常温）の上に2をのせる。

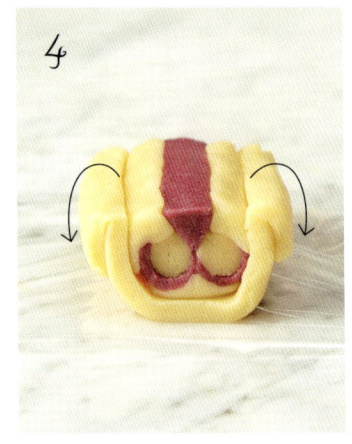

4 3のシートで2のパーツを包み、鼻の横で折り返してなじませる。

完成

耳のパーツ(作り方は52ページ参照)を作り、10にのせてなじませたら完成。

⇒30分以上冷凍

0.7〜0.8cmにスライスし、つまようじでひげを描いたら、170℃に予熱しておいたオーブンで15分ほど焼き、温度を160℃に下げ、さらに5〜8分ほど焼く。

小魚

余った生地を活用して、ねこにぴったりの小魚クッキーを作ってみましょう。図案に合わせて生地を形成するだけで仕上がります。

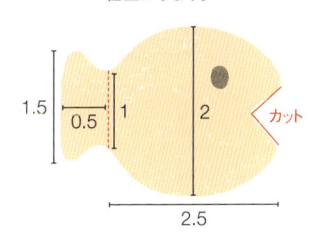

図案寸法: 1.5 / 0.5 / 1 / 2 / 2.5 カット

材料(できあがり約70g)
※新しく生地を作る場合

無塩バター	17g
粉砂糖	13g
全卵	5g
塩	1つまみ程度
薄力粉	29g
アーモンドパウダー	6g

作り方

1. プレーンの楕円柱幅2.5×高さ2cm(常温)とプレーンの台形底辺1.5×上辺1×高さ0.5cm(常温)を合わせる。
2. 形を整えながらなじませる。

⇒30分冷凍

3. 0.7〜0.8cmにスライスし、つまようじで目を描き、口の部分を包丁でカットする。
4. 170℃に予熱しておいたオーブンで15分ほど焼く。

※余った生地をシート状にすれば、型抜きクッキーを作ることもできます。

8

ブラックココアの三角柱1辺1.5cm(常温)2本を目の横に左右1本ずつ入れ、なじませてすき間を埋める。

9

ブラックココアの三角柱1辺2.5cm(常温)2本を目の上に入れ、目を覆うようになじませてすき間を埋める。

10

8の三角柱と9の三角柱で目をしっかりと覆う。

⇒15〜20分冷凍

5

プレーンの三角柱1辺2cm(常温)を4の上にのせ、なじませる。

⇒15〜20分冷凍

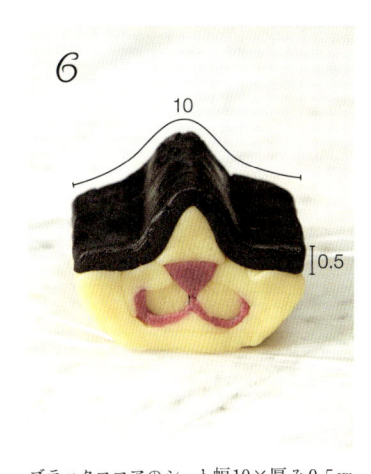

6

ブラックココアのシート幅10×厚み0.5cm(常温)を、5の上にのせてなじませる。

7

目のパーツ(作り方は53ページ参照)2本を6の上にのせる。

02 おかっぱちゃん

基本のパーツを作る
※長さはすべて8cm

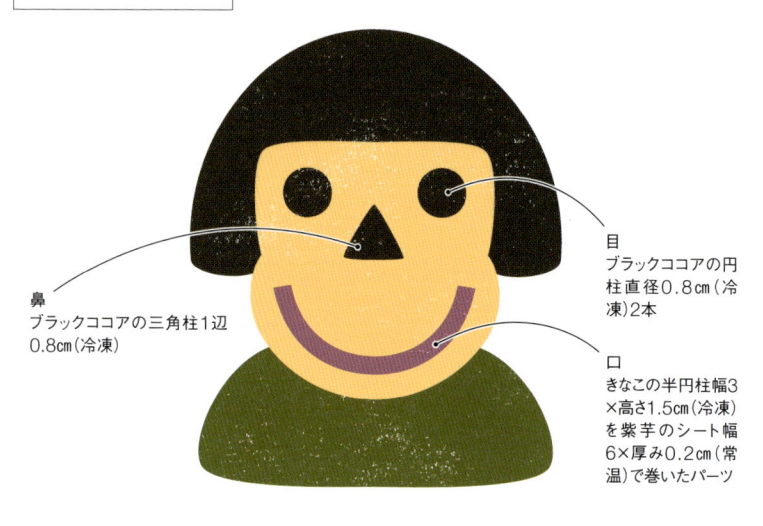

鼻
ブラックココアの三角柱1辺0.8cm(冷凍)

目
ブラックココアの円柱直径0.8cm(冷凍)2本

口
きなこの半円柱幅3×高さ1.5cm(冷凍)を紫芋のシート幅6×厚み0.2cm(常温)で巻いたパーツ

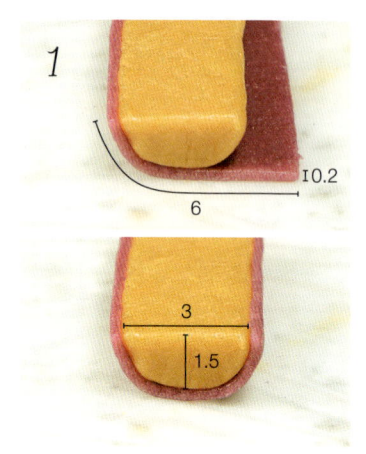

1
きなこの半円柱幅3×高さ1.5cm(冷凍)を紫芋のシート幅6×厚み0.2cm(常温)で巻く。
⇒15分冷凍

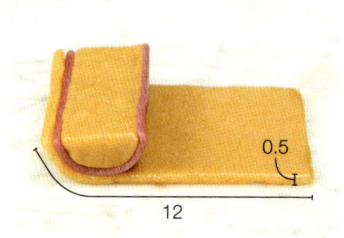

2
きなこのシート幅12×厚み0.5cm(常温)の上に1をのせる。

3
2をシートで1周巻いてなじませる。

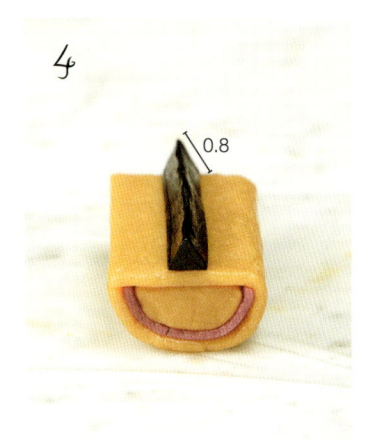

4
ブラックココアの三角柱1辺0.8cm(冷凍、作り方は52ページ参照)を3の上にのせる。
⇒15分冷凍

材料

★バター生地（できあがり約285g）
- 無塩バター............143g
- 粉砂糖............108g
- 全卵............37g
- 塩............3つまみ程度

● ベージュ／きなこ
（できあがり約215g）
- ★バター生地............108g
- ♥薄力粉............77g
- アーモンドパウダー............15g
- きなこ............15g

● 黒／ブラックココア
（できあがり約190g）
- ★バター生地............95g
- ♥薄力粉............67g
- アーモンドパウダー............14g
- ブラックココアパウダー............10g
- ココアパウダー............5g

● 緑／抹茶
（できあがり約140g）
- ★バター生地............70g
- ♥薄力粉............52g
- アーモンドパウダー............10g
- 抹茶パウダー............8g

● 紫／紫芋
（できあがり約20g）
- ★バター生地............10g
- ♥薄力粉............7g
- アーモンドパウダー............2g
- 紫芋パウダー............2g

※作り手の力加減によってパーツのサイズが異なるため、実際の使用量より多めの分量にしています。

作り方

1 ★の材料でバター生地を作る(作り方は48ページ参照)。

2 ♥の材料を加え、4色の生地を作る。

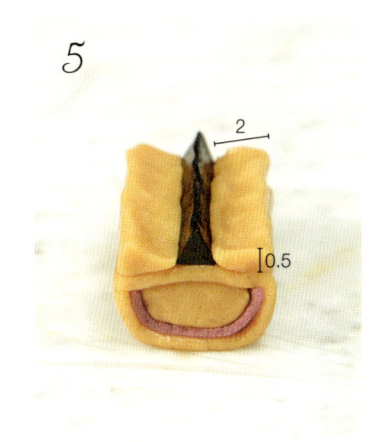

11

ブラックココアの台形底辺1×上辺0.5×高さ1.5cm（常温）2本を10のサイドにつけ、なじませる。
⇒15〜20分冷凍

12

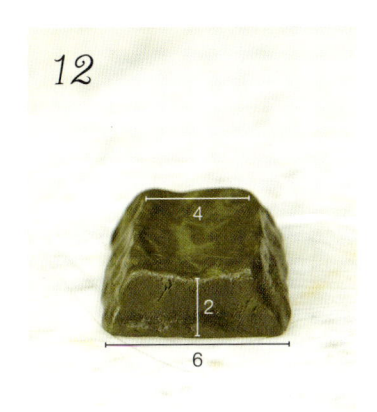

抹茶の台形底辺6×上辺4×高さ2cm（常温）の上辺に、手でゆるやかなくぼみを作る。

完成

12の上に11をのせ、なじませたら完成。
⇒30分以上冷凍

0.7〜0.8cmにスライスし、170℃に予熱しておいたオーブンで15分ほど焼き、温度を160℃に下げ、さらに5〜8分ほど焼く。

8

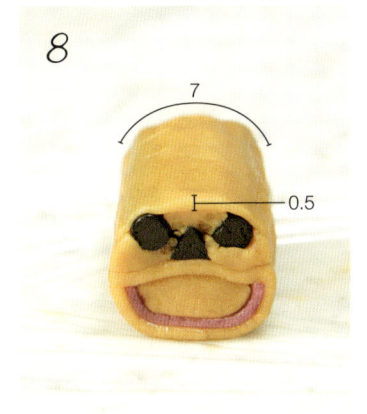

きなこのシート幅7×厚み0.5cm（常温）を7の上にのせてなじませる。
⇒15〜20分冷凍

9

ブラックココアのかまぼこ形幅6×高さ2cm（常温）を作る。

10

9を8の上にのせ、なじませる。

5

きなこの板状幅2×高さ0.5cm（常温）2本を4の上にのせてなじませる。

6

ブラックココアの円柱直径0.8cm（冷凍）を5の上にのせる。
⇒15〜20分冷凍

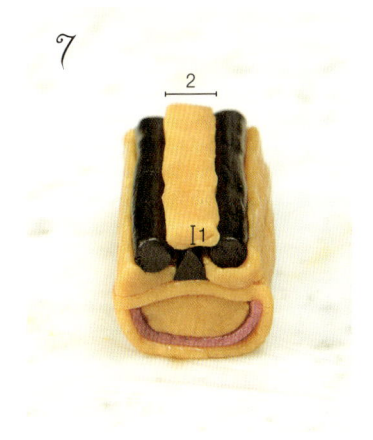

7

きなこの板状幅2×厚み1cm（常温）を6の上にのせてなじませる。

03 りんご

基本のパーツを作る
※長さはすべて8cm

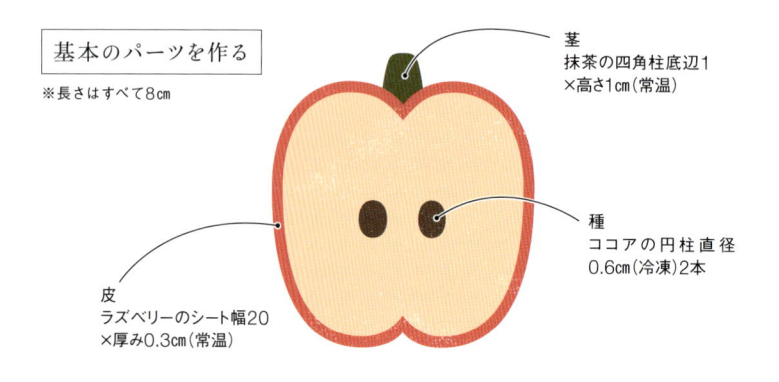

- 茎：抹茶の四角柱底辺1×高さ1cm（常温）
- 種：ココアの円柱直径0.6cm（冷凍）2本
- 皮：ラズベリーのシート幅20×厚み0.3cm（常温）

材料

★バター生地（できあがり約265g）
無塩バター	132g
粉砂糖	100g
全卵	35g
バニラオイル	適量
塩	3つまみ程度

●白／プレーン（できあがり約420g）
★バター生地	210g
♥薄力粉	172g
アーモンドパウダー	38g

●赤／ラズベリー（できあがり約65g）
★バター生地	33g
♥薄力粉	24g
アーモンドパウダー	5g
ラズベリーパウダー	4g

●緑／抹茶（できあがり約20g）
★バター生地	10g
♥薄力粉	7g
アーモンドパウダー	2g
抹茶パウダー	1g

●茶／ココア（できあがり約20g）
★バター生地	10g
♥薄力粉	7g
アーモンドパウダー	2g
ココアパウダー	2g

※作り手の力加減によってパーツのサイズが異なるため、実際の使用量より多めの分量にしています。

作り方

1 ★の材料でバター生地を作る（作り方は48ページ参照）。
2 ♥の材料を加え、4色の生地を作る。

1
プレーンのかまぼこ形底辺5.5×高さ3cm（常温）を2本作る。

2
1の底辺の中心にはしなどで1cm弱のくぼみを作る。もう1本も同様にする。

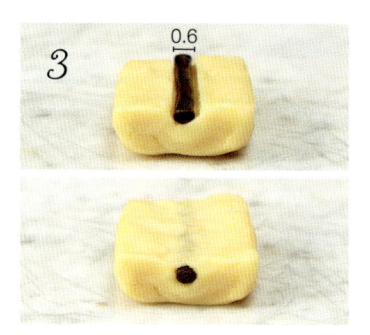

3
ココアの円柱直径0.6cm（冷凍）2本を2の上にのせて、指でなじませてすき間を埋める。もう1本も同様にする。

4
3の2本をあわせてなじませる。
⇒15〜20分冷凍

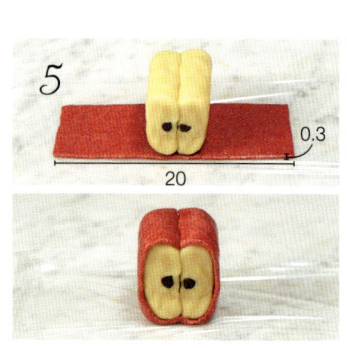

5
ラズベリーのシート幅20×厚み0.3cm（常温）の上に4をのせ、シートで1周巻いてなじませる。

完成
抹茶の四角柱底辺1×高さ1cm（常温）を5の上にのせ、なじませて完成。
⇒30分以上冷凍

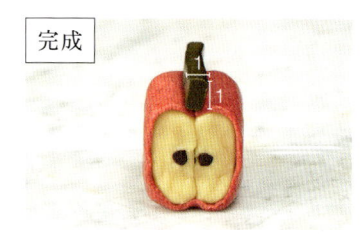

0.7〜0.8cmにスライスし、170℃に予熱しておいたオーブンで15分ほど焼き、温度を160℃に下げ、さらに5分ほど焼く。

04 アヒル

基本のパーツを作る
※長さはすべて8cm

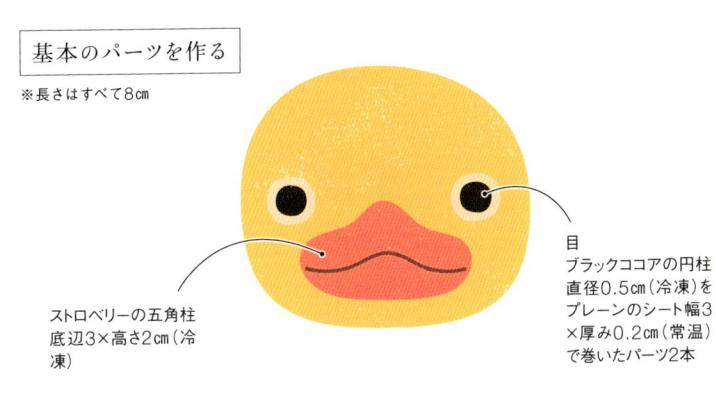

- 目：ブラックココアの円柱直径0.5cm（冷凍）をプレーンのシート幅3×厚み0.2cm（常温）で巻いたパーツ2本
- ストロベリーの五角柱底辺3×高さ2cm（冷凍）

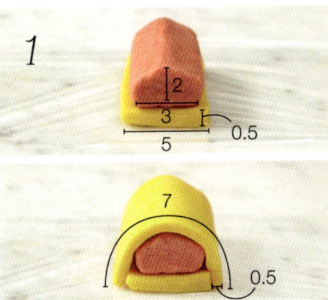

材料

★バター生地（できあがり約165g）
- 無塩バター……83g
- 粉砂糖……63g
- 全卵……22g
- 塩……2つまみ程度

● 黄／カボチャ（できあがり約225g）
- ★バター生地……113g
- ♥薄力粉……81g
- アーモンドパウダー……16g
- パンプキンパウダー……16g

● ピンク／ストロベリー（できあがり約60g）
- ★バター生地……30g
- ♥薄力粉……21g
- アーモンドパウダー……4g
- ストロベリーパウダー……5g

● 黒／ブラックココア（できあがり約20g）
- ★バター生地……10g
- ♥薄力粉……7g
- アーモンドパウダー……2g
- ブラックココアパウダー……2g

● 白／プレーン（できあがり約20g）
- ★バター生地……10g
- ♥薄力粉……8g
- アーモンドパウダー……2g

※作り手の力加減によってパーツのサイズが異なるため、実際の使用量より多めの分量にしています。

作り方

1. ★の材料でバター生地を作る（作り方は48ページ参照）。
2. ♥の材料を加え、4色の生地を作る。

1 カボチャのシート幅5×厚み0.5cm（冷凍）の上に、写真のようなストロベリーの五角柱底辺3×高さ2（冷凍）をのせ、さらにカボチャのシート幅7×厚み0.5cm（常温）をのせてなじませる。⇒15分冷凍

2 カボチャの三角柱1辺1.5cm（常温）を2本、目のパーツ（作り方は53ページ参照）2本を1の上にのせる。

3 カボチャのシート幅5×厚み0.5cm（常温）を2の上にのせてなじませる。

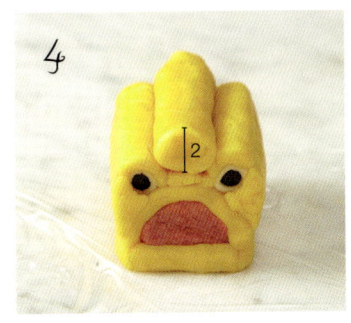

4 カボチャの円柱直径2cm（常温）1本を3の上にのせてなじませる。⇒5分冷凍

5 カボチャのシート幅14×厚み0.3cm（常温）を4にのせる。

完成 5をなじませたら完成。⇒30分以上冷凍

0.7～0.8cmにスライスし、つまようじでくちばしを描いたら、170℃に予熱しておいたオーブンで15分ほど焼き、温度を160℃に下げ、さらに5分ほど焼く。

05 いぬ

基本のパーツを作る ※長さはすべて8cm

目
ブラックココアの円柱直径1.2cm（冷凍）にプレーンのシート幅5×厚み0.2cm（冷凍）で巻いたパーツ2本

耳
ココアのかまぼこ形幅5.5×厚さ1.5cm（常温）2本

鼻
ブラックココアの三角柱1辺1.5cm（冷凍）

口元
ブラックココアのシート幅4×厚み0.2cm（常温）、ブラックココアのシート幅3×厚み0.2cm（常温）で、プレーンの円柱直径1.5cm（冷凍）2本を包み、プレーンの三角柱1辺1.5cm（常温）でアゴ部分を埋めたパーツ

材料

★バター生地（できあがり約265g）
無塩バター	132g
粉砂糖	100g
全卵	35g
塩	3つまみ程度

●白／プレーン（できあがり約165g）
★バター生地	83g
♥薄力粉	68g
アーモンドパウダー	15g

●茶／ココア（できあがり約140g）
★バター生地	70g
♥薄力粉	50g
アーモンドパウダー	10g
ココアパウダー	10g

●ベージュ／きなこ（できあがり約135g）
★バター生地	68g
♥薄力粉	49g
アーモンドパウダー	9g
きなこ	9g

●黒／ブラックココア（できあがり約60g）
★バター生地	30g
♥薄力粉	22g
アーモンドパウダー	4g
ブラックココアパウダー	3g
ココアパウダー	2g

●赤／ラズベリー（できあがり約25g）
★バター生地	13g
♥薄力粉	13g
アーモンドパウダー	2g
ラズベリーパウダー	2g

※作り手の力加減によってパーツのサイズが異なるため、実際の使用量より多めの分量にしています。

作り方

1 ★の材料でバター生地を作る（作り方は48ページ参照）。
2 ♥の材料を加え、5色の生地を作る。

---

1 鼻と口元のパーツ（作り方は53ページ参照）を作る。
⇒15〜20分冷凍

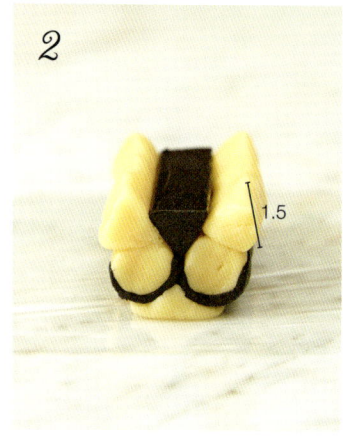

2 プレーンの三角柱1辺1.5cm（常温）2本を1の鼻の横に左右1本ずつ入れ、なじませてすき間を埋める。

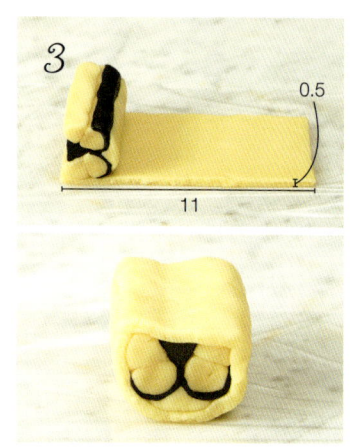

3 プレーンのシート幅11×厚み0.5cm（常温）の上に2をのせ、一周巻いてなじませる。
⇒15〜20分冷凍

4 きなこの三角柱1辺2.5cm（常温）2本を3の上にのせる。

完成

*10*を逆さにし、なじませたら完成。
⇒30分以上冷凍

0.7〜0.8cmにスライスし、170℃に予熱しておいたオーブンで15分ほど焼き、温度を160℃に下げ、さらに5〜8分ほど焼く。

ほね

余った生地を活用して、
ほねのクッキーを作ってみましょう。
サイズは生地の残量とご相談……。
いぬとセットにすると
いっそう統一感が増します。

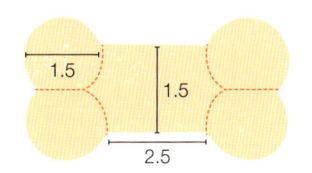

材料（できあがり約120g）
※新しく生地を作る場合

無塩バター	30g
粉砂糖	23g
全卵	8g
塩	1つまみ程度
薄力粉	25g
アーモンドパウダー	5g

作り方

1 プレーンの円柱直径1.5cm（常温）4本とプレーンの四角柱幅2.5×高さ1.5cm（常温）を合わせる。
2 形を整えながらなじませる。
⇒30分冷凍
3 0.7〜0.8cmにスライスし、170℃に予熱しておいたオーブンで15分ほど焼き、温度を160℃に下げ、さらに3分ほど焼く。
※余った生地をシート状にすれば、型抜きクッキーを作ることもできます。

8
ココアのかまぼこ形幅5.5×厚さ1.5cm（常温）を2本作る。

9
*8*を*7*のサイドにつける。耳は取れやすいので、しっかりとなじませる。

10
ラズベリーのシート幅4×厚み0.5cm（冷凍）を、逆さにした*9*の上にのせる。

5
きなこの三角柱1辺2.5cm（常温）の上に、目のパーツ（作り方は53ページ参照）を2本のせ、すき間を埋める。

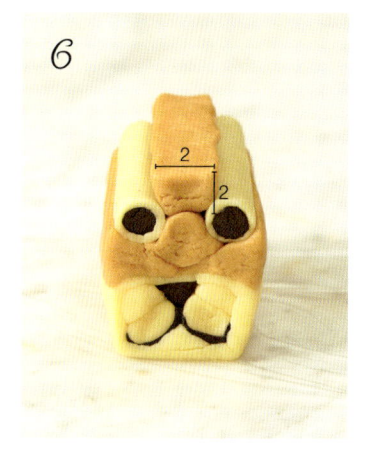

6
きなこの四角柱1辺2cm（常温）を*5*の上にのせる。

7
目を覆うように*6*をなじませて、すき間を埋める。
⇒15〜20分冷凍

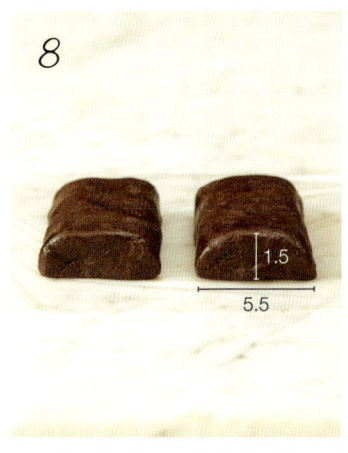

06

とり
（オカメインコ）

基本のパーツを作る
※長さはすべて8cm

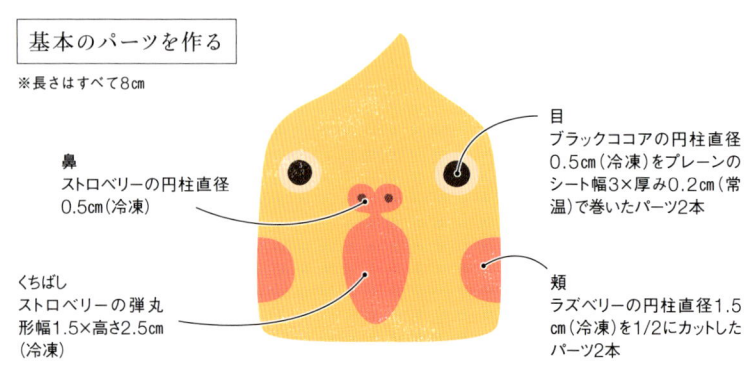

鼻
ストロベリーの円柱直径0.5cm（冷凍）

くちばし
ストロベリーの弾丸形幅1.5×高さ2.5cm（冷凍）

目
ブラックココアの円柱直径0.5cm（冷凍）をプレーンのシート幅3×厚み0.2cm（常温）で巻いたパーツ2本

頬
ラズベリーの円柱直径1.5cm（冷凍）を1/2にカットしたパーツ2本

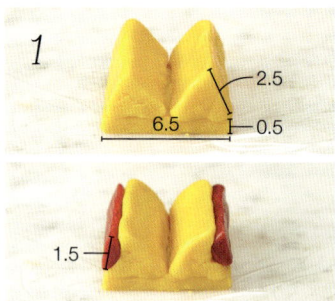

材料

★バター生地（できあがり約200g）
無塩バター	100g
粉砂糖	75g
全卵	27g
塩	2つまみ程度

●黄／カボチャ（できあがり約280g）
★バター生地	140g
♥薄力粉	100g
アーモンドパウダー	20g
パンプキンパウダー	20g

●ピンク／ストロベリー（できあがり約50g）
★バター生地	25g
♥薄力粉	18g
アーモンドパウダー	3g
ストロベリーパウダー	5g

●赤／ラズベリー（できあがり約25g）
★バター生地	13g
♥薄力粉	9g
アーモンドパウダー	2g
ラズベリーパウダー	2g

●黒／ブラックココア（できあがり約20g）
★バター生地	10g
♥薄力粉	7g
アーモンドパウダー	2g
ブラックココアパウダー	2g

●白／プレーン（できあがり約20g）
★バター生地	10g
♥薄力粉	8g
アーモンドパウダー	2g

※作り手の力加減によってパーツのサイズが異なるため、実際の使用量より多めの分量にしています。

作り方

1. ★の材料でバター生地を作る（作り方は48ページ参照）。
2. ♥の材料を加え、5色の生地を作る。

1
カボチャのシート幅6.5×厚み0.5cm（冷凍）にカボチャの三角柱1辺2.5cm（常温）をのせ、ラズベリーの円柱直径1.5cmを1/2にカットしたもの（冷凍）を横にはり、埋め込むようになじませる。

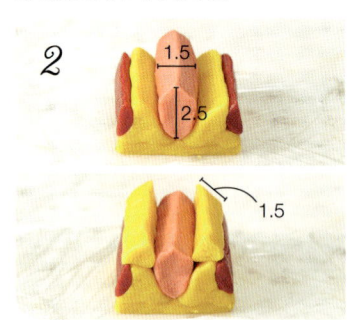

2
ストロベリーの弾丸形幅1.5×高さ2.5cm（冷凍）をのせ、カボチャの三角柱1辺1.5cm（常温）2本をサイドにつけてなじませる。

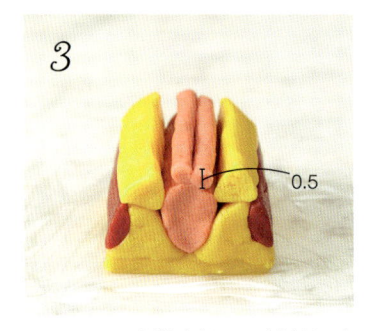

3
ストロベリーの円柱直径0.5cm（常温）2本を3の上にのせる。

4
目のパーツ（作り方は53ページ参照）2本を3の上にのせる。
⇒15〜20分冷凍

5
カボチャの三角柱1辺1.5cm（常温）2本を目の横に、カボチャの四角柱幅2.5×高さ1cm（常温）を目の上にのせてなじませる。
⇒15〜20分冷凍

完成
カボチャの三角柱1辺6cm（常温）を5の上にのせ、頭の形を整えたら完成。
⇒30分以上冷凍

0.7〜0.8cmにスライスし、つまようじで鼻の穴を描いたら、170℃に予熱しておいたオーブンで15分ほど焼き、温度を160℃に下げ、さらに5分ほど焼く。

基本のパーツを作る
※長さはすべて8cm

くちばし
ストロベリーの扇形幅2.5×高さ2cm（冷凍）

目
ブラックココアの円柱直径0.5cm（冷凍）をストロベリーのシート幅3×厚み0.2cm（冷凍）で巻いたパーツ2本

06
とり
（文鳥）

材料

★バター生地（できあがり約185g）
無塩バター	93g
粉砂糖	70g
全卵	24g
塩	2つまみ程度

●黒／ブラックココア（できあがり約230g）
★バター生地	115g
♥薄力粉	80g
アーモンドパウダー	16g
ブラックココアパウダー	12g
ココアパウダー	7g

白／プレーン（できあがり約60g）
★バター生地	30g
♥薄力粉	25g
アーモンドパウダー	5g

●ピンク／ストロベリー（できあがり約55g）
★バター生地	27g
♥薄力粉	19g
アーモンドパウダー	4g
ストロベリーパウダー	5g

●赤／ラズベリー（できあがり約20g）
★バター生地	10g
♥薄力粉	7g
アーモンドパウダー	2g
ラズベリーパウダー	2g

※作り手の力加減によってパーツのサイズが異なるため、実際の使用量より多めの分量にしています。

作り方
1 ★の材料でバター生地を作る（作り方は48ページ参照）。
2 ♥の材料を加え、4色の生地を作る。

1
ブラックココアのシート幅7×厚み0.3cm（冷凍）の上に、ラズベリーの三角柱1辺1.5cmを1/2にカットしたもの（常温）を2本のせる。 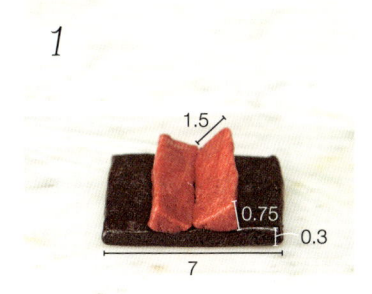

2 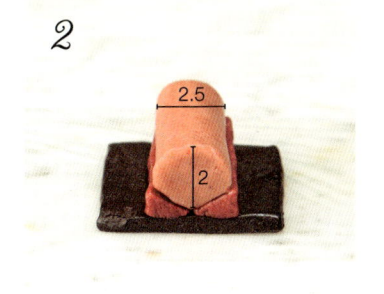
ストロベリーの扇形幅2.5cm×高さ2cm（冷凍）を作り、1の上にのせる。
⇒15分冷凍

3 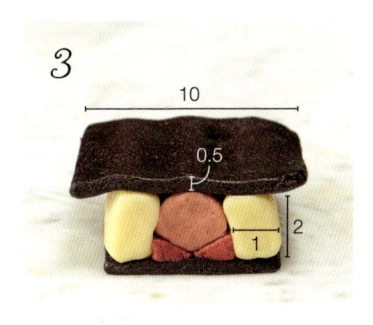
プレーンの四角柱幅1×高さ2cm（常温）2本を2のサイドにのせ、上にブラックココアのシート幅10×厚み0.5cm（常温）をかぶせる。

4 
目のパーツを2本作り（作り方は53ページ参照）、3の上にのせ、シートを目のサイドに沿わせてなじませる。

5 
ブラックココアの四角柱幅3cm×高さ2cm（常温）を4の上にのせ、すき間を埋める。
⇒15分冷凍

完成 
ブラックココアのシート幅8cm×厚み0.5cm（常温）を5の上にのせ、なじませたら完成。⇒30分以上冷凍

0.7〜0.8cmにスライスし、170℃に予熱しておいたオーブンで15分ほど焼き、温度を160℃に下げ、さらに5分ほど焼く。

06

とり
（インコ）

基本のパーツを作る
※長さはすべて8cm

目
ブラックココアの円柱直径0.5cm（冷凍）をプレーンのシート幅3×厚み0.2cm（常温）で巻いたパーツ2本

鼻
黒ごまの円柱直径0.5cm（冷凍）2本

くちばし
カボチャの弾丸形底辺1.8×高さ2cm（冷凍）

柄
ブラックココアの三角柱1辺1.5cm（冷凍）を1/2にカットしたパーツ2本

材料

★**バター生地**（できあがり約220g）
無塩バター	110g
粉砂糖	83g
全卵	30g
塩	2つまみ程度

●**紫／紫芋**（できあがり約330g）
★バター生地	165g
♥薄力粉	119g
アーモンドパウダー	23g
紫芋パウダー	23g

●**黄／カボチャ**（できあがり約35g）
★バター生地	18g
♥薄力粉	13g
アーモンドパウダー	2g
パンプキンパウダー	3g

●**黒／ブラックココア**（できあがり約25g）
★バター生地	13g
♥薄力粉	9g
アーモンドパウダー	2g
ブラックココアパウダー	2g

●**白／プレーン**（できあがり約20g）
★バター生地	10g
♥薄力粉	8g
アーモンドパウダー	2g

●**グレー／黒ごま**（できあがり約20g）
★バター生地	10g
♥薄力粉	7g
アーモンドパウダー	2g
すりごま(黒)	2g
黒ごまペースト	極少量

※作り手の力加減によってパーツのサイズが異なるため、実際の使用量より多めの分量にしています。

作り方

1 ★の材料でバター生地を作る（作り方は48ページ参照）。
2 ♥の材料を加え、5色の生地を作る。

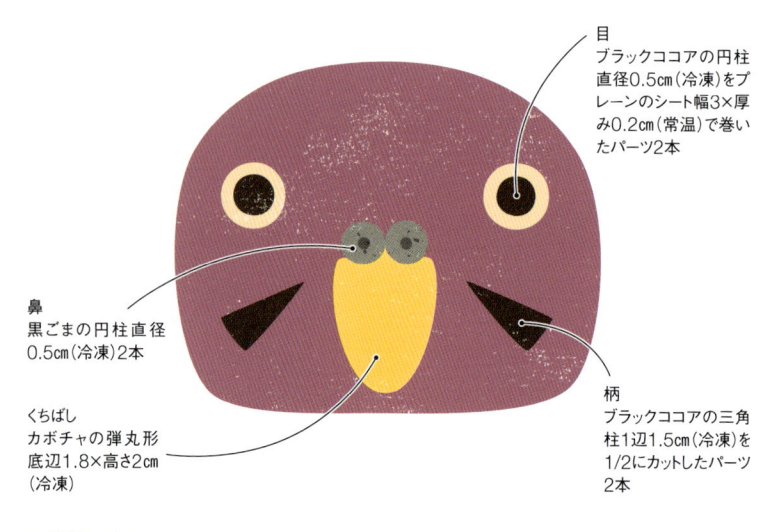

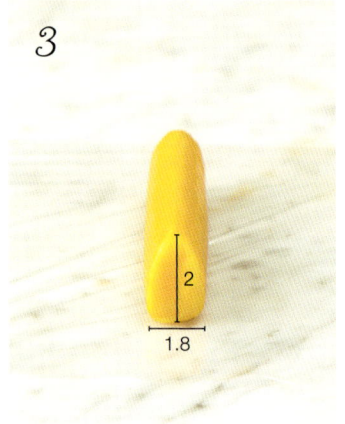

---

3 カボチャの弾丸形幅1.8×高さ2cm（冷凍）を作る。
⇒15～20分冷凍

1 紫芋のシート幅7×厚み0.3cm（冷凍）を作る。

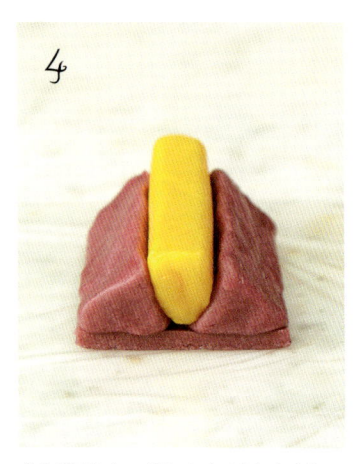

4 3を逆さにし、2にのせてなじませる。
⇒15～20分冷凍

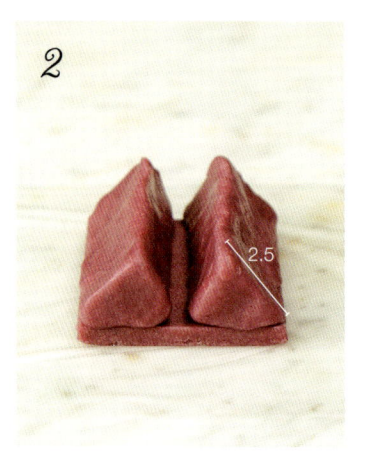

2 紫芋の三角柱1辺2.5cm（常温）2本を1の上にのせる。

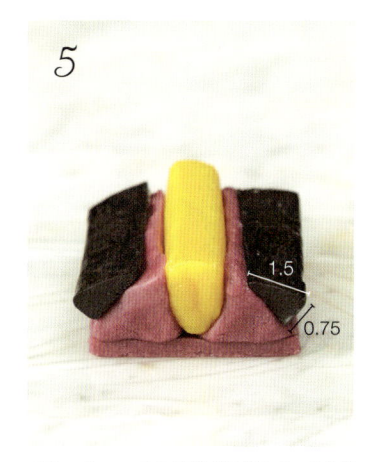

11

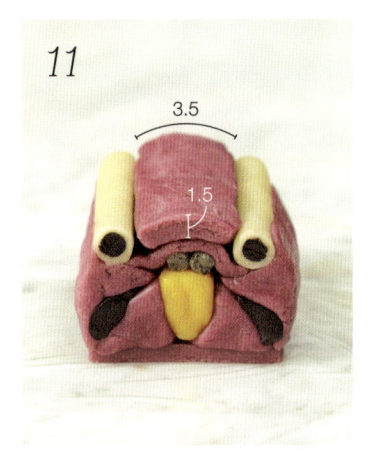

紫芋のシート幅3.5×厚み1.5cm（常温）を10の上にのせてなじませる。

12

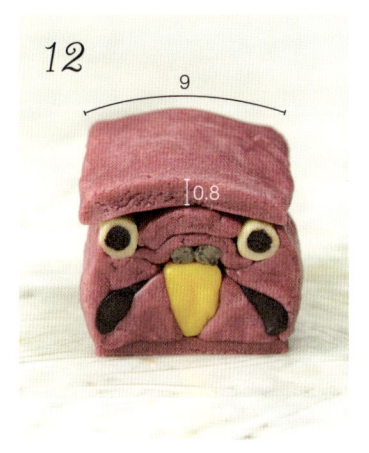

紫芋のシート幅9×厚み0.8cm（常温）を作り、11の上にのせる。

完成

12をなじませて完成。⇒30分以上冷凍

0.7～0.8cmにスライスし、つまようじで鼻の穴を描いたら、170℃に予熱しておいたオーブンで15分ほど焼き、温度を160℃に下げ、さらに5分ほど焼く。

8

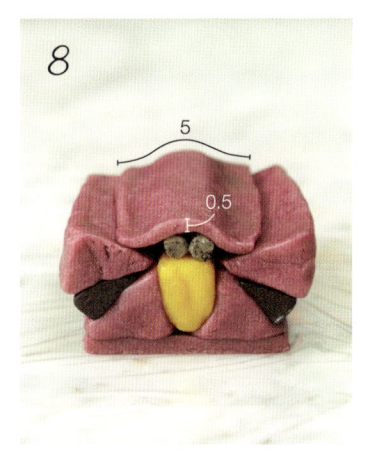

紫芋のシート幅5×厚み0.5cm（常温）を7の上にのせてなじませる。

9

目のパーツ（作り方は53ページ参照）を2本作り、8の上にのせる。

10

9のサイドをなじませて、目を覆うように生地をのばす。⇒15～20分冷凍

5

ブラックココアの三角柱1辺1.5cmを1/2にカットしたもの（冷凍）を作り、4の上にのせてなじませる。⇒15～20分冷凍

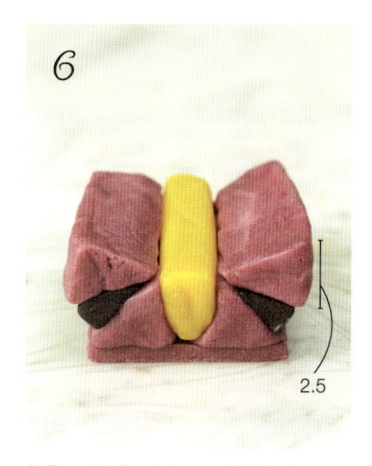

6

紫芋の三角柱1辺2.5cm（常温）2本を5の上にのせる。

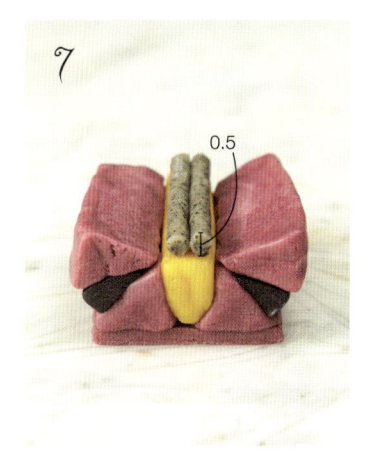

7

黒ごまの円柱直径0.5cm（冷凍）2本を6の上にのせる。

07

虹

基本のパーツを作る
※長さはすべて8cm

- 5段目 ラズベリーのシート幅16×厚み0.5cm（常温）
- 4段目 カボチャのシート幅14×厚み0.5cm（常温）
- 3段目 プレーンのシート幅12×厚み0.5cm（常温）
- 2段目 抹茶のシート幅10×厚み0.5cm（常温）
- 1段目 紫芋のシート幅8×厚み0.5cm（常温）

材料

★バター生地（できあがり約175g）
- 無塩バター ……………… 88g
- 粉砂糖 …………………… 66g
- 全卵 ……………………… 23g
- 塩 ………………… 2つまみ程度

● 赤／ラズベリー（できあがり約90g）
- ★バター生地 …………… 45g
- ♥薄力粉 ………………… 34g
- アーモンドパウダー …… 6g
- ラズベリーパウダー …… 5g

● 黄／カボチャ（できあがり約80g）
- ★バター生地 …………… 40g
- ♥薄力粉 ………………… 29g
- アーモンドパウダー …… 6g
- パンプキンパウダー …… 6g

● 白／プレーン（できあがり約70g）
- ★バター生地 …………… 35g
- ♥薄力粉 ………………… 29g
- アーモンドパウダー …… 6g

● 緑／抹茶（できあがり約55g）
- ★バター生地 …………… 28g
- ♥薄力粉 ………………… 20g
- アーモンドパウダー …… 4g
- 抹茶パウダー …………… 3g

● 紫／紫芋（できあがり約45g）
- ★バター生地 …………… 23g
- ♥薄力粉 ………………… 16g
- アーモンドパウダー …… 3g
- 紫芋パウダー …………… 3g

※作り手の力加減によってパーツのサイズが異なるため、実際の使用量より多めの分量にしています。

作り方

1. ★の材料でバター生地を作る（作り方は48ページ参照）。
2. ♥の材料を加え、5色の生地を作る。

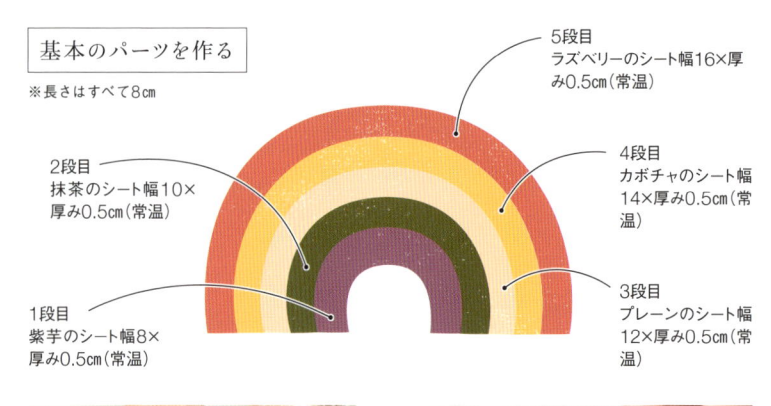

1 1段目のパーツを直径2cmほどの筒に巻く。
⇒15分冷凍

2 2段目のパーツを1に巻き、なじませる。
⇒15分冷凍

3 3段目、4段目のパーツも順に巻き、なじませる。
⇒15分冷凍

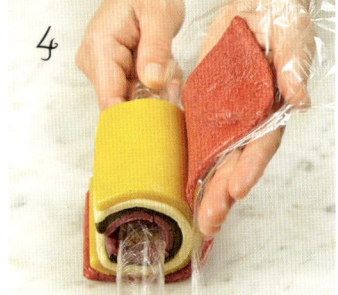

4 5段目のパーツを巻く。

5 4の形を整えてなじませる。

完成 筒から外し、余分をカットしたら完成。
⇒30分以上冷凍

0.7〜0.8cmにスライスし、170℃に予熱しておいたオーブンで15分ほど焼き、温度を160℃に下げ、さらに5〜8分ほど焼く。

08

かえる

基本のパーツを作る
※長さはすべて8cm

目
ブラックココアの円柱直径1cm（冷凍）をカボチャのシート幅5×厚み0.2cm（常温）で巻いたパーツ2本

1 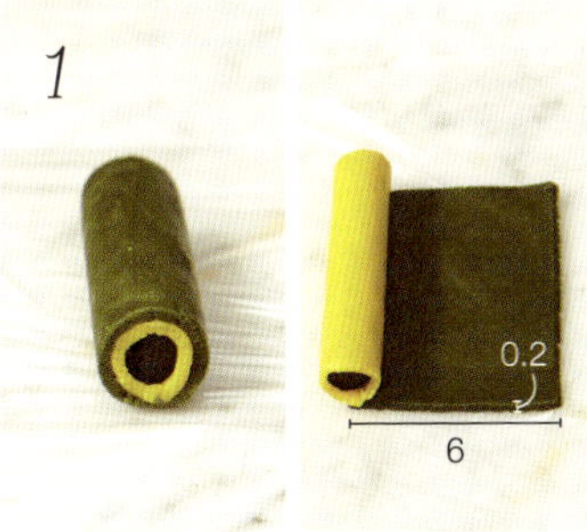
目のパーツ（作り方は53ページ参照）を2本作り、抹茶のシート幅6×厚み0.2cm（常温）2枚で、それぞれを巻く。
⇒15分冷凍

2 
抹茶のかまぼこ形底辺7.5×高さ3cm（常温）を作る。

3 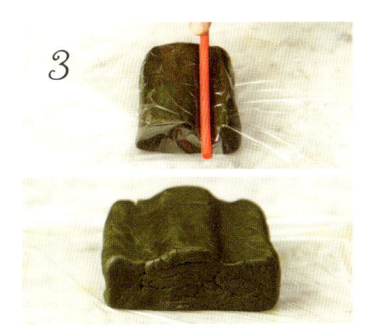
上辺にはしで1cm弱のくぼみを2本作る。

4 
3に1をのせ、すき間を埋めてなじませる。
⇒15〜20分冷凍

5 
カボチャのかまぼこ形底辺7.5×高さ2cm（常温）を作る。

完成 
5に4をのせ、しっかりとつけたら完成。
⇒30分以上冷凍

0.7〜0.8cmにスライスし、つまようじで鼻の穴を描いたら、170℃に予熱しておいたオーブンで15分ほど焼き、温度を160℃に下げ、さらに5〜8分ほど焼く。

材料

★バター生地（できあがり約220g）
無塩バター	110g
粉砂糖	82g
全卵	30g
塩	2つまみ程度

● 緑／抹茶（できあがり約220g）
★バター生地	110g
♥薄力粉	82g
アーモンドパウダー	15g
抹茶パウダー	13g

● 黄／カボチャ（できあがり約175g）
★バター生地	88g
♥薄力粉	63g
アーモンドパウダー	12g
パンプキンパウダー	12g

● 黒／ブラックココア（できあがり約30g）
★バター生地	13g
♥薄力粉	13g
アーモンドパウダー	2g
ブラックココアパウダー	2g

※作り手の力加減によってパーツのサイズが異なるため、実際の使用量より多めの分量にしています。

作り方

1 ★の材料でバター生地を作る（作り方は48ページ参照）。

2 ♥の材料を加え、3色の生地を作る。

09 花

基本のパーツを作る
※長さはすべて8cm

目
ブラックココアの円柱直径0.6cm（冷凍）2本

口
カボチャのかまぼこ形幅2.5×高さ1cm（冷凍）をブラックココアのシート幅5×厚み0.3cm（常温）で巻く

花びら
紫芋の円柱直径2.5cm（常温）6本

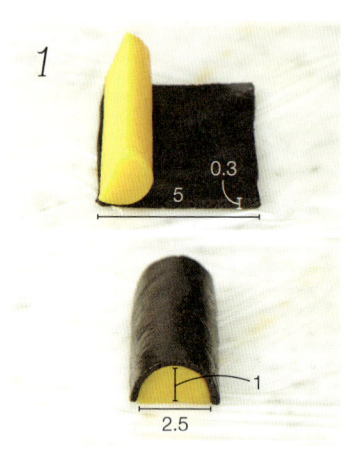

材料

★ バター生地（できあがり約260g）
- 無塩バター ……………………… 130g
- 粉砂糖 …………………………… 99g
- 全卵 ……………………………… 34g
- 塩 ………………………… 3つまみ程度

● 紫／紫芋（できあがり約360g）
- ★バター生地 …………………… 180g
- ♥薄力粉 ………………………… 130g
- アーモンドパウダー ……………… 25g
- 紫芋パウダー …………………… 25g

● 黄／カボチャ（できあがり約125g）
- ★バター生地 ……………………… 63g
- ♥薄力粉 …………………………… 45g
- アーモンドパウダー ………………… 9g
- パンプキンパウダー ………………… 9g

● 黒／ブラックココア（できあがり約30g）
- ★バター生地 ……………………… 15g
- ♥薄力粉 …………………………… 10g
- アーモンドパウダー ………………… 2g
- ブラックココアパウダー …………… 3g

※作り手の力加減によってパーツのサイズが異なるため、実際の使用量より多めの分量にしています。

作り方

1 ★の材料でバター生地を作る（作り方は48ページ参照）。
2 ♥の材料を加え、3色の生地を作る。

1
カボチャのかまぼこ形幅2.5×高さ1cm（冷凍）をブラックココアのシート幅5×厚み0.3cm（常温）で曲線部分のみを巻く。
⇒15分冷凍

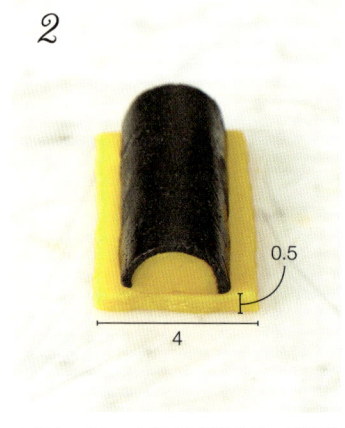

2
カボチャのシート幅4×厚み0.5cm（常温）に1をのせる。

3
ブラックココアの円柱直径0.6cm（冷凍）を2本、カボチャの三角柱1辺1.5cm（常温）を逆にした2の上にのせる。

4
カボチャのかまぼこ形幅2.5×高さ1cm（常温）を作り、3の上にのせて、形を丸く整える。
⇒15分冷凍

1

抹茶の葉っぱ形幅5.5×高さ1cm（常温）を作り、包丁で半分に切る。

葉っぱ

材料

★バター生地
（できあがり約60g）
無塩バター	30g
粉砂糖	23g
全卵	8g
塩	1つまみ程度

●緑／抹茶
（できあがり約100g）
★バター生地	50g
♥薄力粉	37g
アーモンドパウダー	7g
抹茶パウダー	6g

○白／プレーン
（できあがり約20g）
★バター生地	10g
♥薄力粉	8g
アーモンドパウダー	2g

※作り手の力加減によってパーツのサイズが異なるため、実際の使用量より多めの分量にしています。

作り方

1. ★の材料でバター生地を作る（作り方は48ページ参照）。
2. ♥の材料を加え、2色の生地を作る。

5

カボチャのシート幅12×厚み0.3cm（常温）の上に、4をのせて巻く。
⇒15分冷凍

2

プレーンのシート幅5.5cm×厚み0.2cm（冷凍）を1の間に挟む。

6

紫芋の円柱直径2.5cm（常温）を6本作り、5に1本ずつなじませながらしっかりとつける。

完成

形を整えて、なじませたら完成。
⇒30分以上冷凍

0.7〜0.8cmにスライスし、170℃に予熱しておいたオーブンで15分ほど焼き、温度を160℃に下げ、さらに3分ほど焼く。

基本のパーツを作る

※長さはすべて8cm

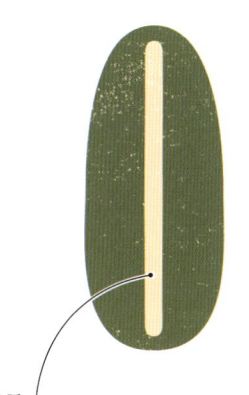

葉脈
プレーンのシート幅5.5×厚み0.2cm（冷凍）

完成

形を整えたら完成。
⇒30分以上冷凍

0.7〜0.8cmにスライスし、170℃に予熱しておいたオーブンで15分ほど焼き、温度を160℃に下げ、さらに5〜8分ほど焼く。

10 りす

基本のパーツを作る
※長さはすべて8cm

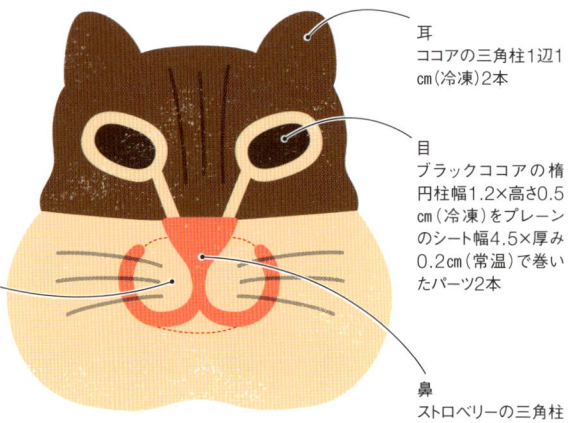

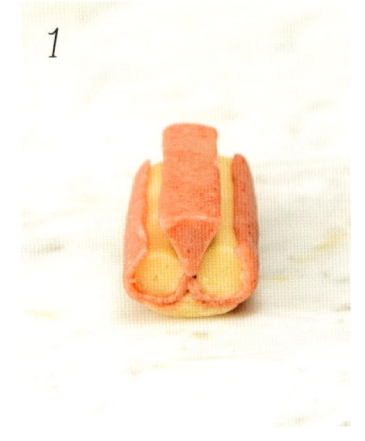

口元
ストロベリーのシート幅3×厚み0.2cm（常温）、ストロベリーのシート幅2×厚み0.2cm（常温）で、プレーンの円柱直径1cm（冷凍）2本を包み、プレーンの三角柱1辺1.5cm（常温）でアゴの部分を埋めたパーツ

耳
ココアの三角柱1辺1cm（冷凍）2本

目
ブラックココアの楕円幅1.2×高さ0.5cm（冷凍）をプレーンのシート幅4.5×厚み0.2cm（常温）で巻いたパーツ2本

鼻
ストロベリーの三角柱1辺1cm（冷凍）

材料

★バター生地（できあがり約260g）
無塩バター	130g
粉砂糖	99g
全卵	34g
塩	3つまみ程度

○ 白／プレーン（できあがり約290g）
★バター生地	145g
♥薄力粉	119g
アーモンドパウダー	26g

● 茶／ココア（できあがり約170g）
★バター生地	85g
♥薄力粉	61g
アーモンドパウダー	12g
ココアパウダー	12g

● ピンク／ストロベリー（できあがり約30g）
★バター生地	15g
♥薄力粉	10g
アーモンドパウダー	2g
ストロベリーパウダー	3g

● 黒／ブラックココア（できあがり約20g）
★バター生地	10g
♥薄力粉	7g
アーモンドパウダー	2g
ブラックココアパウダー	2g

※作り手の力加減によってパーツのサイズが異なるため、実際の使用量より多めの分量にしています。

作り方

1 ★の材料でバター生地を作る（作り方は48ページ参照）。
2 ♥の材料を加え、4色の生地を作る。

1 鼻と口元のパーツ（作り方は53ページ参照）を作る。
⇒15分冷凍

2 プレーンの三角柱1辺1cm（常温）2本を1の鼻の横に左右1本ずつ入れ、指でなじませてすき間を埋める。

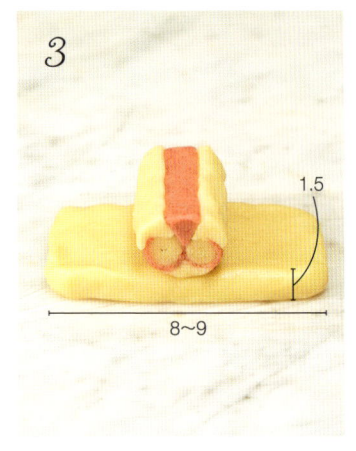

3 生地200gを使ってプレーンのシート幅8〜9×厚み1.5cmほど（常温）を作り、上に2をのせる。

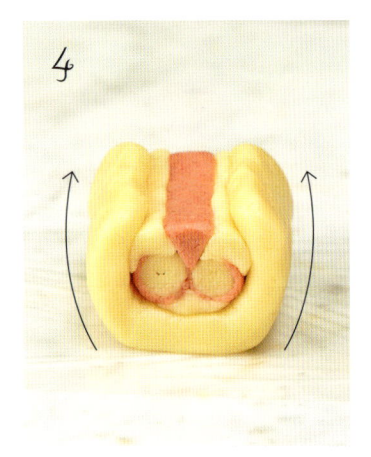

4 3のシートで2のパーツのサイドを包んで形を整え、なじませる。

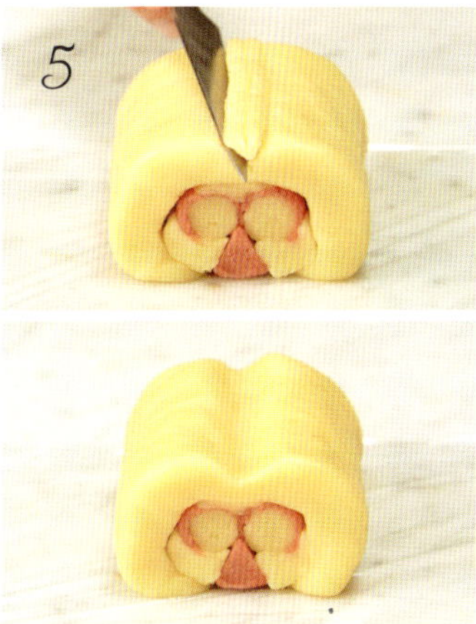

どんぐり

余った生地を活用して、どんぐりのクッキーを作ってみましょう。ふたつのパーツを組み合わせるだけのかんたんモチーフです。

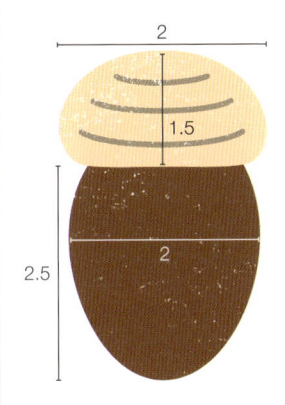

材料

※新しく生地を作る場合

バター生地（できあがり約75g）
無塩バター	38g
粉砂糖	29g
全卵	10g
塩	1つまみ程度

●**ベージュ/きなこ**（できあがり約25g）
バター生地	13g
薄力粉	9g
アーモンドパウダー	2g
きなこ	2g

●**茶/ココア**（できあがり約50g）
バター生地	25g
薄力粉	18g
アーモンドパウダー	4g
ココアパウダー	4g

作り方

1 ココアの弾丸形幅2×高さ2.5cm（冷凍）と幅2×高さ1.5cmのかまぼこ型（きなこ、常温）を合わせる。
2 形を整えながらなじませる。
⇒5分冷凍
3 0.7〜0.8cmにスライスし、つまようじで帽子に模様を描く。
4 170℃に予熱しておいたオーブンで15分ほど焼く。
※余った生地をシート状にすれば、型抜きクッキーを作ることもできます。

---

8 目のパーツを2本作り（作り方は53ページ参照）、7の上にのせる。
⇒15〜20分冷凍

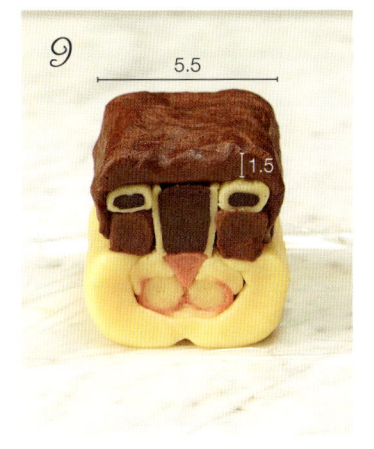

5 4を逆さにし、中央部分に包丁で切れ目を入れ、切りとる。切断面を滑らかにする。
⇒15〜20分冷凍

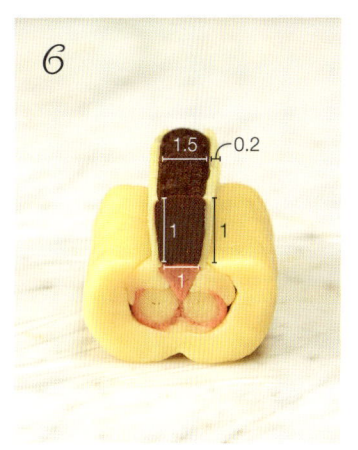

9 ココアのかまぼこ形幅5.5×厚さ1.5cm（常温）を8の上にのせてすき間を埋め、なじませる。
⇒15〜20分冷凍

6 ココアの台形底辺1×上辺1.5×高さ1cm（冷凍）を、プレーンのシート幅1×厚さ0.2cm（常温）2枚で挟み、5の上にのせてなじませる。
⇒5分冷凍

完成 ココアの三角柱1辺1cm（冷凍）2本を9の上にのせてなじませ、完成。
⇒30分以上冷凍

0.7〜0.8cmにスライスし、つまようじで模様とひげを描いたら、170℃に予熱しておいたオーブンで15分ほど焼き、温度を160℃に下げ、さらに5〜8分ほど焼く。

7 ココアの四角柱幅1×厚さ2.5cm（常温）2本を6の上にのせて、中央に寄せながらなじませる。

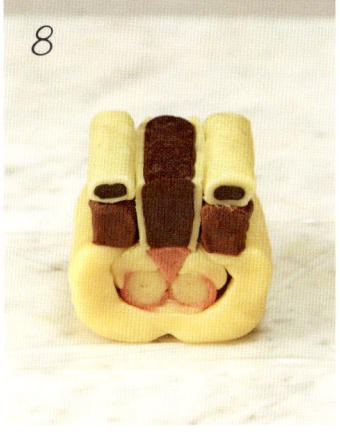

11 ひつじ

基本のパーツを作る
※長さはすべて8cm

目
ブラックココアの楕円柱幅1.2×高さ0.5cm（冷凍）2本

鼻
プレーンの三角柱1辺1cm（冷凍）を紫芋のシート幅3.5cm×厚み0.3（常温）で巻いたパーツ

耳
紫芋の三角柱1辺1cm（冷凍）をプレーンのシート幅5×0.5cm（常温）で巻いたパーツ2本

毛
プレーンの円柱直径1.5cm（常温）7本

口
紫芋のシート幅3×厚み0.3cm（冷凍）

材料

★バター生地（できあがり約300g）
- 無塩バター　150g
- 粉砂糖　112g
- 全卵　40g
- 塩　3つまみ程度

● ベージュ／きなこ
（できあがり約300g）
- ★バター生地　150g
- ♥薄力粉　108g
- アーモンドパウダー　21g
- きなこ　21g

● 白／プレーン
（できあがり約230g）
- ★バター生地　115g
- ♥薄力粉　94g
- アーモンドパウダー　21g

● 紫／紫芋
（できあがり約45g）
- ★バター生地　23g
- ♥薄力粉　16g
- アーモンドパウダー　3g
- 紫芋パウダー　3g

● 黒／ブラックココア
（できあがり約20g）
- ★バター生地　10g
- ♥薄力粉　7g
- アーモンドパウダー　2g
- ブラックココアパウダー　2g

※作り手の力加減によってパーツのサイズが異なるため、実際の使用量より多めの分量にしています。

作り方

1. ★の材料でバター生地を作る（作り方は48ページ参照）。
2. ♥の材料を加え、4色の生地を作る。

1
きなこのシート幅5×厚み0.5cm（冷凍）の上に、紫芋のシート幅3×厚み0.3cm（冷凍）をのせる。

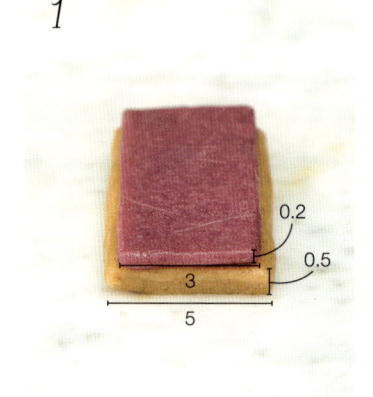

2
紫芋のシート幅1×厚み0.3cm（冷凍）をきなこの板状幅2.5×高さ1cm（常温）2本で挟む。
⇒15分冷凍

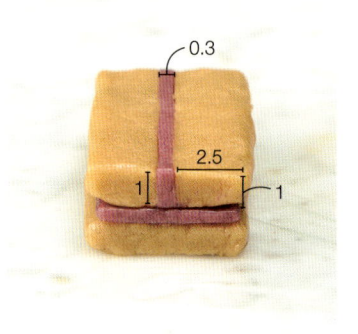

3
きなこの三角柱1辺2cm（常温）を2の上にのせてなじませる。

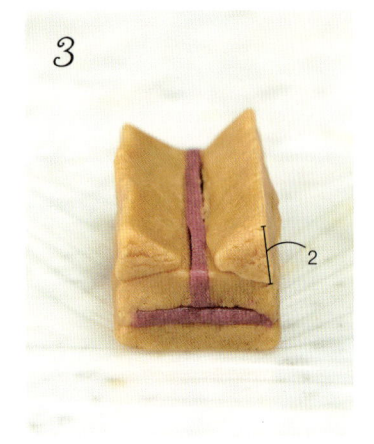

4
鼻のパーツ（作り方は52ページ参照）を作る。
⇒15分冷凍

11

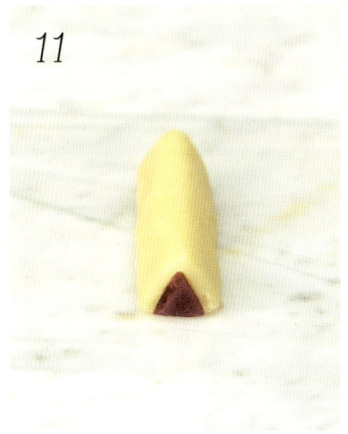

耳のパーツ（作り方は52ページ参照）を2本作る。
⇒5分冷凍

8

きなこのシート幅9×厚み0.8cm（常温）を7の上にのせてなじませる。
⇒15〜20分冷凍

5

逆さにした4を3の上にのせてなじませる。
⇒15〜20分冷凍

12

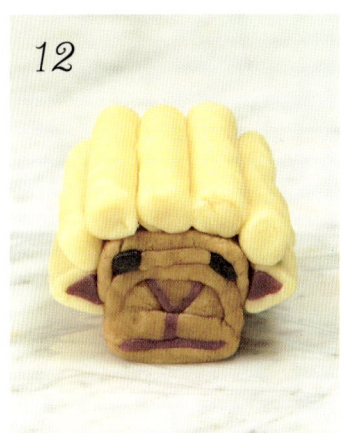

11を10のサイドにつけて、しっかりなじませる。

9

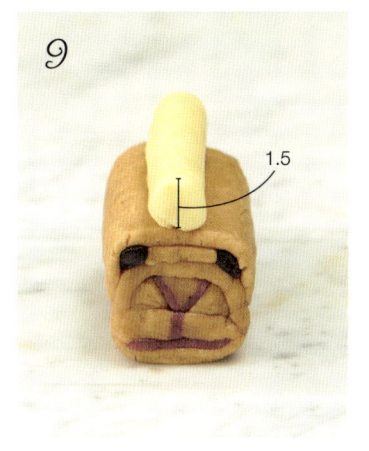

プレーンの円柱直径1.5cm（常温）を7本作り、8の中心に1本のせ、しっかりなじませる。

6

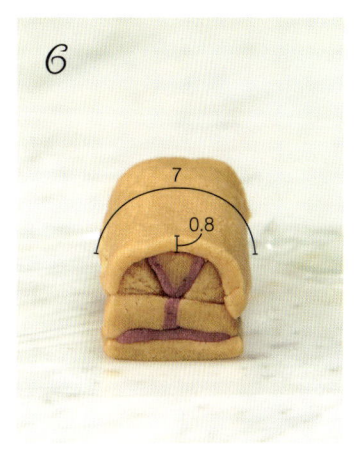

きなこのシート幅7×厚み0.8cm（常温）を5の上にのせてなじませる。

完成

12に9の残りの2本をつけて、なじませたら完成。
⇒30分以上冷凍

0.7〜0.8cmにスライスし、170℃に予熱しておいたオーブンで15分ほど焼き、温度を160℃に下げ、さらに5〜8分ほど焼く。

10

9の残りを順に、計5本のせる。取れやすいのでしっかりなじむように押しつける。

7

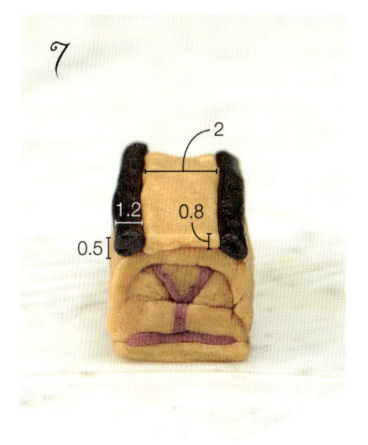

ブラックココアの楕円柱幅1.2×高さ0.5cm（冷凍）を2本、きなこの板状幅2cm×厚み0.8cm（常温）を6の上にのせてなじませる。

12
ぱんだ

基本のパーツを作る ※長さはすべて8cm

- 耳　ブラックココアのかまぼこ形幅2×高さ1.5cm（冷凍）2本
- 目　ブラックココアの弾丸形幅1.5×高さ2cm（冷凍）2本
- 口　ブラックココアのシート幅5×厚み0.3cm（冷凍）

材料

★バター生地（できあがり約225g）
- 無塩バター……112g
- 粉砂糖……85g
- 全卵……30g
- 塩……2つまみ程度

●白／プレーン（できあがり約250g）
- ★バター生地……125g
- ♥薄力粉……103g
- アーモンドパウダー……23g

●黒／ブラックココア（できあがり約195g）
- ★バター生地……100g
- ♥薄力粉……70g
- アーモンドパウダー……15g
- ブラックココアパウダー……10g
- ココアパウダー……5g

※作り手の力加減によってパーツのサイズが異なるため、実際の使用量より多めの分量にしています。

作り方

1. ★の材料でバター生地を作る（作り方は48ページ参照）。
2. ♥の材料を加え、2色の生地を作る。

---

1 プレーンのシート幅5×厚み0.5cm（冷凍）を作る。

2 1を1/2にカットしたプレーンのシート幅2.5×厚み0.5cm（常温）2枚で、ブラックココアのシート幅0.5×厚み0.3cm（冷凍）を挟む。
⇒5分冷凍

3 プレーンの三角柱1辺1.5cm（常温）を2の上にのせる。

4 ブラックココアの三角柱1辺1.5cm（常温）を3の上にのせ、3と指でなじませて、すき間を埋める。
⇒15分冷凍

11

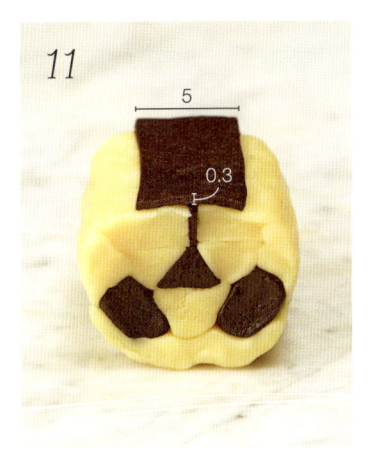

10を逆さにし、ブラックココアのシート幅5×厚み0.3cm（冷凍）をのせる。

8

7を指でなじませてすき間を埋め、形を整える。
⇒15〜20分冷凍

5

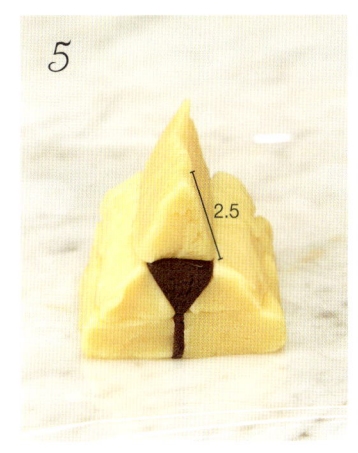

プレーンの三角柱1辺2.5cm（常温）を4の上にのせる。

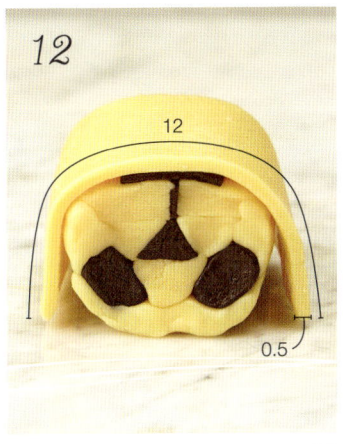

12

プレーンのシート幅12×厚み0.5cm（常温）を11にのせ、なじませ形を整える。

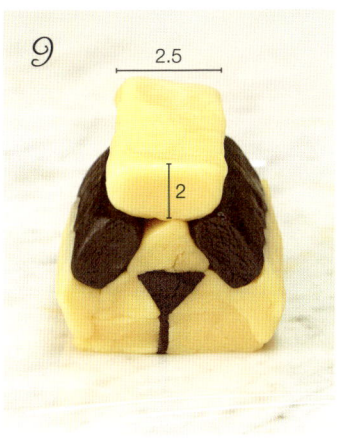

9

プレーンの四角柱幅2.5×厚さ2cm（常温）を8の上にのせる。

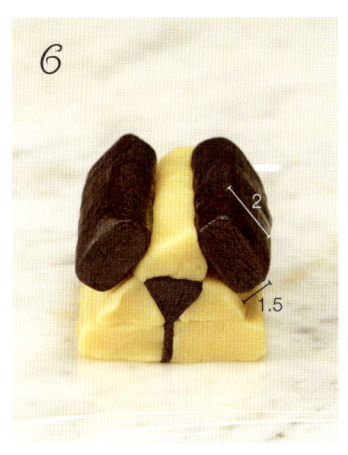

6

ブラックココアの弾丸形幅1.5×高さ2cm（冷凍）を5の上にのせる。

完成

12を逆さにし、ブラックココアのかまぼこ形幅2×高さ1.5cm（冷凍）をのせてなじませたら完成。 ⇒30分以上冷凍

0.7〜0.8cmにスライスし、170℃に予熱しておいたオーブンで15分ほど焼き、温度を160℃に下げ、さらに5〜8分ほど焼く。

10

9を指でなじませるように生地を広げ、目のパーツを覆う。
⇒15〜20分冷凍

7

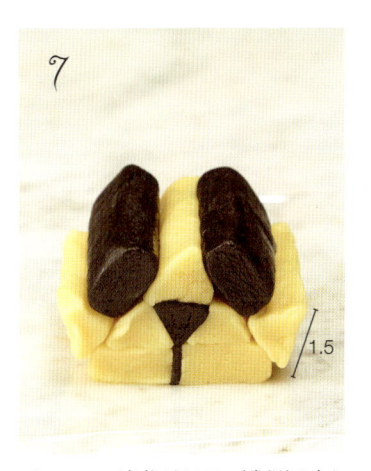

プレーンの三角柱1辺1.5cm（常温）2本を6のサイドにつける。

13

ヒグマ

基本のパーツを作る
※長さはすべて8cm

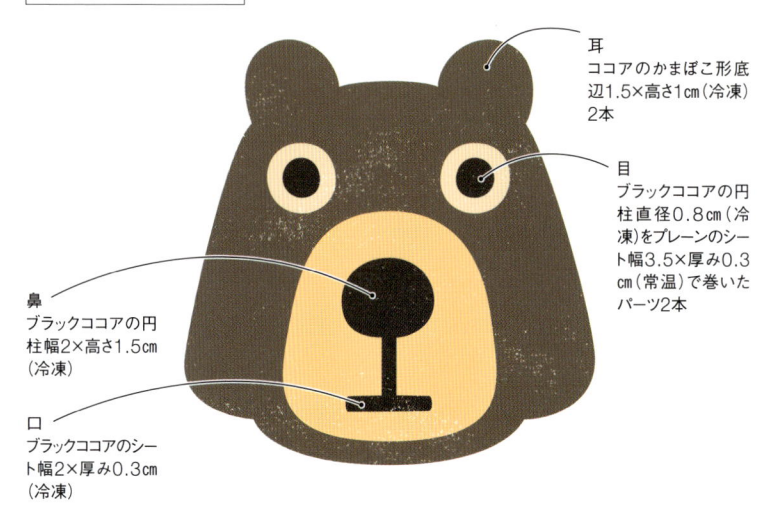

耳
ココアのかまぼこ形底辺1.5×高さ1cm（冷凍）2本

目
ブラックココアの円柱直径0.8cmの（冷凍）をプレーンのシート幅3.5×厚み0.3cm（常温）で巻いたパーツ2本

鼻
ブラックココアの円柱幅2×高さ1.5cm（冷凍）

口
ブラックココアのシート幅2×厚み0.3cm（冷凍）

材料

★バター生地（できあがり約320g）
- 無塩バター　　　　　160g
- 粉砂糖　　　　　　　120g
- 全卵　　　　　　　　43g
- 塩　　　　　　　3つまみ程度

●茶／ココア（できあがり約390g）
- ★バター生地　　　　195g
- ♥薄力粉　　　　　　141g
- アーモンドパウダー　27g
- ココアパウダー　　　27g

●ベージュ／きなこ（できあがり約160g）
- ★バター生地　　　　80g
- ♥薄力粉　　　　　　58g
- アーモンドパウダー　11g
- きなこ　　　　　　　11g

●黒／ブラックココア（できあがり約60g）
- ★バター生地　　　　30g
- ♥薄力粉　　　　　　21g
- アーモンドパウダー　4g
- ブラックココアパウダー　3g
- ココアパウダー　　　2g

●白／プレーン（できあがり約25g）
- ★バター生地　　　　13g
- ♥薄力粉　　　　　　10g
- アーモンドパウダー　2g

※作り手の力加減によってパーツのサイズが異なるため、実際の使用量より多めの分量にしています。

作り方

1　★の材料でバター生地を作る（作り方は48ページ参照）。

2　♥の材料を加え、4色の生地を作る。

1 きなこのシート幅4×厚み0.5cm（冷凍）にブラックココアのシート幅2×厚み0.3cm（冷凍）をのせる。
⇒5分冷凍

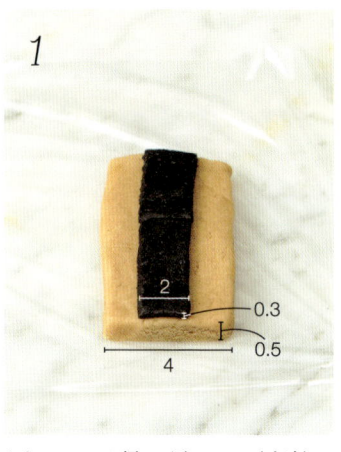

2 ブラックココアのシート幅1×厚み0.3cm（冷凍）をきなこの板状幅2×高さ1cm（冷凍）2本で挟む。
⇒5分冷凍

3 2を1の上にのせる。
⇒5分冷凍

4 きなこの三角柱1辺2cm（常温）2本、ブラックココアの円柱幅2×高さ1.5cm（冷凍）を3の上にのせ、すき間を埋めてなじませる。

| 完成 |

ココアのかまぼこ形底辺1.5×高さ1cm（冷凍）2本を10の上にのせ、頬を指でリフトアップさせて完成。

⇒30分以上冷凍

0.7〜0.8cmにスライスし、170℃に予熱しておいたオーブンで15分ほど焼き、温度を160℃に下げ、さらに5〜8分ほど焼く。

鮭

ヒグマの大好物の鮭のクッキーを作ってみましょう。55ページの小魚のクッキーよりちょっと大きめで存在感があります。

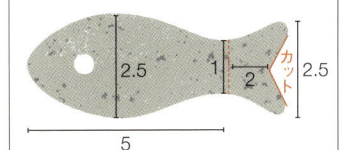

材料（できあがり約170g）

無塩バター	43g
粉砂糖	32g
全卵	11g
塩	1つまみ程度
薄力粉	61g
すり黒ごま	12g
アーモンドパウダー	12g
黒ごまペースト	小さじ1/2弱

作り方

1. 黒ごまの楕円柱幅5×高さ2.5cm（常温）とすり黒ごまの台形底辺2.5×上辺1×高さ2cm（常温）を合わせる。
2. 形を整えながらなじませる。

⇒5分冷凍

3. 0.7〜0.8cmにスライスし、目の部分にはしで穴をあけ、尾の部分を包丁でカットする。
4. 170℃に予熱しておいたオーブンで15分ほど焼き、温度を160℃に下げ、さらに5〜8分ほど焼く。

8

目のパーツ（作り方は53ページ参照）を作り、7の上にのせる。

⇒15分冷凍

9

ココアの三角柱1辺2cm（常温）2本を8のサイドにつけてなじませ、すき間を埋める。

10

ココアの四角柱底辺2.5×高さ2cm（常温）を9の上にのせ、指でなじませるように生地をのばし、目のパーツを覆う。

⇒15〜20分冷凍

5

きなこのシート幅3×厚み1cm（常温）を4の上にのせてなじませる。

⇒15分冷凍

6

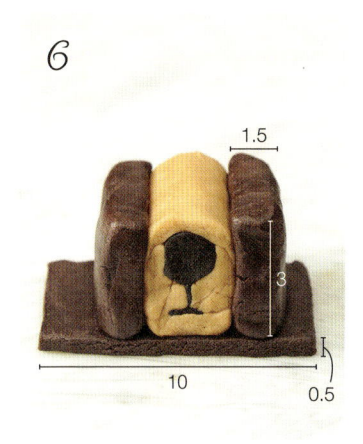

ココアのシート幅10×厚み0.5cm（常温）の上に、5とココアの四角柱幅1.5×高さ3cm（常温）2本をのせ、シートを折り返してなじませる。

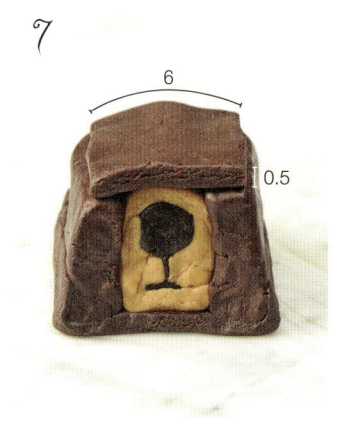

7

ココアのシート幅6×厚み0.5cm（常温）を6の上にのせてなじませる。

14 ライオン

基本のパーツを作る
※長さはすべて8cm

耳
ココアの三角柱1辺1.5cm（冷凍）をカボチャのシート幅5×厚み0.5cm（常温）を巻いたパーツ2本

目
ブラックココアの円柱直径1cm（冷凍）にプレーンのシート幅5×厚み0.2cm（常温）を巻いたパーツ2本

鼻
ブラックココアの三角柱幅2×高さ1.5cm（冷凍）

口元
ブラックココアのシート幅6×厚み0.3cm（常温）、ブラックココアのシート幅5×厚み0.3cm（常温）で、プレーンの円柱直径2cm（冷凍）2本を包み、プレーンの三角柱1辺2cm（常温）でアゴ部分を埋めたパーツ

材料

★バター生地（できあがり約490g）
- 無塩バター　　　　　245g
- 粉砂糖　　　　　　　184g
- 全卵　　　　　　　　63g
- 塩　　　　　　　5つまみ程度

●茶/ココア（できあがり約445g）
- ★バター生地　　　　223g
- ♥薄力粉　　　　　　160g
- アーモンドパウダー　31g
- ココアパウダー　　　31g

●黄/カボチャ（できあがり約265g）
- ★バター生地　　　　133g
- ♥薄力粉　　　　　　95g
- アーモンドパウダー　19g
- パンプキンパウダー　19g

●黒/ブラックココア（できあがり約105g）
- ★バター生地　　　　53g
- ♥薄力粉　　　　　　37g
- アーモンドパウダー　7g
- ブラックココアパウダー　5g
- ココアパウダー　　　3g

●白/プレーン（できあがり約155g）
- ★バター生地　　　　78g
- ♥薄力粉　　　　　　63g
- アーモンドパウダー　14g

※作り手の力加減によってパーツのサイズが異なるため、実際の使用量より多めの分量にしています。

作り方

1. ★の材料でバター生地を作る（作り方は48ページ参照）。
2. ♥の材料を加え、4色の生地を作る。

1
鼻と口元のパーツ（作り方は53ページ参照）を作り、プレーンのシート幅5×厚み0.5cm（常温）をのせてなじませる。
⇒15分冷凍

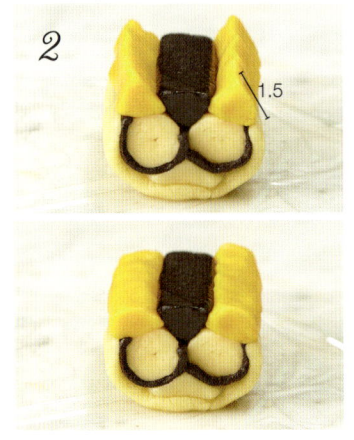

2
1にカボチャの三角柱1辺1.5cm（常温）をのせ、なじませてすき間を埋める。
⇒15分冷凍

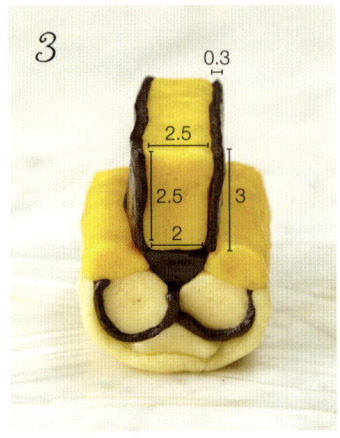

3
カボチャの台形底辺2×上辺2.5×高さ2.5cm（冷凍）を、ブラックココアのシート幅3×厚み0.3cm（常温）2枚で挟み、2の上にのせる。
⇒15〜20分冷凍

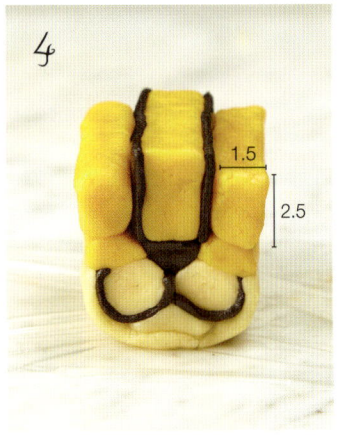

4
カボチャの四角柱幅1.5×高さ2.5cm（常温）2本を3の上にのせてなじませる。

木

丸太にブロックを
つけるだけで、
あっという間に木になります。
動物モチーフと一緒に。

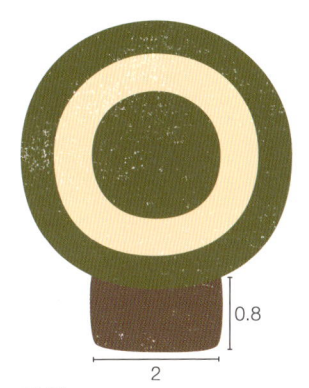

材料

バター生地（できあがり約80g）
無塩バター·············· 40g
粉砂糖·················· 30g
全卵···················· 11g
塩················ 1つまみ程度

●緑／抹茶（できあがり約100g）
バター生地·············· 50g
薄力粉·················· 37g
アーモンドパウダー········ 7g
抹茶パウダー············· 6g

●白／プレーン（できあがり約40g）
バター生地·············· 20g
薄力粉·················· 16g
アーモンドパウダー········ 4g

●茶／ココア（できあがり約20g）
バター生地·············· 10g
薄力粉··················· 7g
アーモンドパウダー········ 2g
ココアパウダー············ 2g

作り方

1. プレーンのシート幅8×厚み0.5cm（常温）の上に、抹茶の円柱直径2cm（冷凍）をのせて巻いて形を整える。
2. 抹茶のシート幅11×幅0.5cm（常温）で1を巻く。ちょうど1周巻いたら、巻き終わりの余分を包丁でカットして、切断面をなじませる。
3. ココアの四角柱幅2cm×高さ0.8cm（常温）を2の下につける。
4. 0.7〜0.8cmにスライスし、170℃で予熱しておいたオーブンで15分ほど焼き、温度を160℃に下げ、さらに3分ほど焼く。

※プロセス1〜2は、7ページの［丸太］の作り方を参照してください。

---

5 目のパーツ（作り方は53ページ参照）を作り、4の上にのせて目のすき間を埋める。
⇒15〜20分冷凍

6 カボチャのシート幅10×厚み0.5cm（常温）を5の上にのせ、なじませる。
⇒15分冷凍

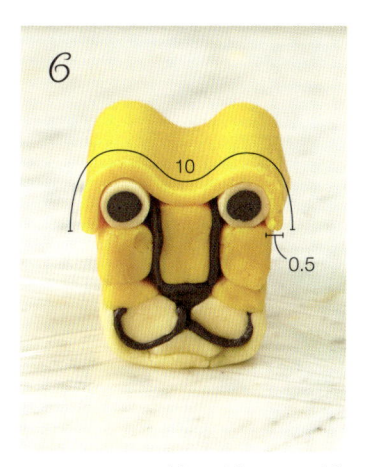

7 カボチャのシート幅14×厚み0.5cm（常温）を6の上にのせ、なじませる。

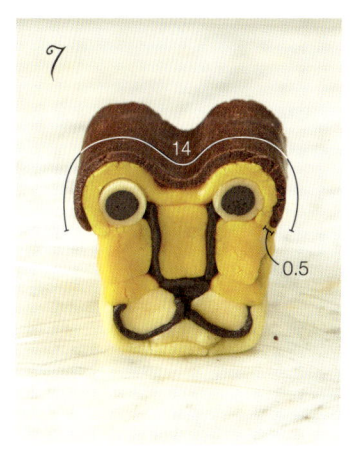

8 耳のパーツ（作り方は52ページ参照）を作り、7の上にのせてなじませる。
⇒15〜20分冷凍

9 ココアの生地300g（常温）を8の輪郭にランダムにつけてなじませる。

完成 9の輪郭にすき間なく生地をつけ、全体の形を整えたら完成。
⇒30分以上冷凍

0.7〜0.8cmにスライスし、つまようじで毛穴とひげを描いたら、170℃に予熱しておいたオーブンで15分ほど焼き、温度を160℃に下げ、さらに8〜10分ほど焼く。

15

コアラ

基本のパーツを作る
※長さはすべて8cm

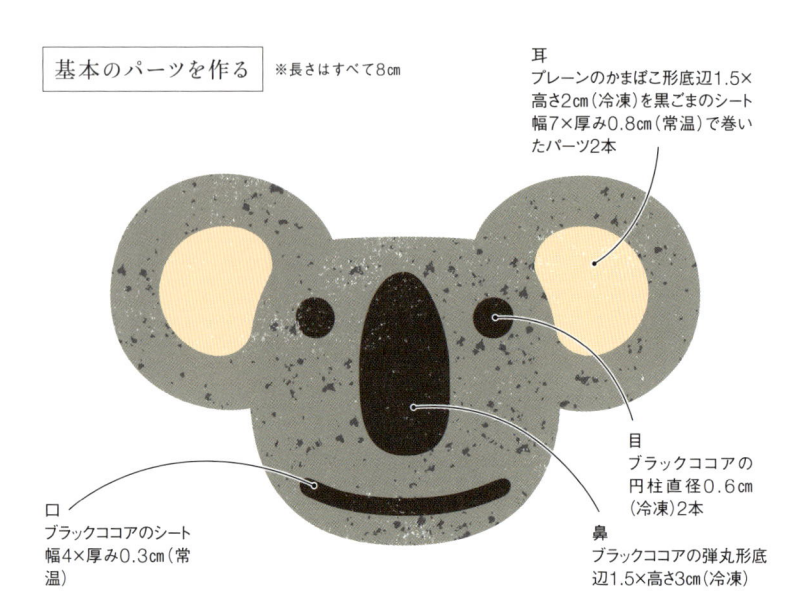

耳
プレーンのかまぼこ形底辺1.5×高さ2cm（冷凍）を黒ごまのシート幅7×厚み0.8cm（常温）で巻いたパーツ2本

目
ブラックココアの円柱直径0.6cm（冷凍）2本

鼻
ブラックココアの弾丸形底辺1.5×高さ3cm（冷凍）

口
ブラックココアのシート幅4×厚み0.3cm（常温）

材料

★ バター生地（できあがり約200g）
- 無塩バター……100g
- 粉砂糖……75g
- 全卵……27g
- 塩……2つまみ程度

● グレー／黒ごま（できあがり約280g）
- ★バター生地……140g
- ♥薄力粉……100g
- アーモンドパウダー……20g
- すりごま（黒）……20g
- 黒ごまペースト……小さじ1/2

● 黒／ブラックココア（できあがり約60g）
- ★バター生地……30g
- ♥薄力粉……21g
- アーモンドパウダー……4g
- ブラックココアパウダー……3g
- ココアパウダー……2g

● 白／プレーン（できあがり約60g）
- ★バター生地……30g
- ♥薄力粉……25g
- アーモンドパウダー……5g

※作り手の力加減によってパーツのサイズが異なるため、実際の使用量より多めの分量にしています。

作り方

1 ★の材料でバター生地を作る（作り方は48ページ参照）。

2 ♥の材料を加え、3色の生地を作る。

1
黒ごまのシート幅5×厚み0.5cm（冷凍）の上にブラックココアのシート幅4×厚み0.3cm（常温）をのせる。

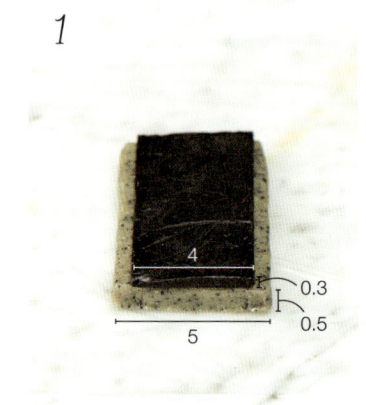

2
1の上に黒ごまのシート幅4×厚み0.5cm（常温）をのせる。

3
ブラックココアの弾丸形底辺1.5×高さ3cm（冷凍）を2の上にのせる。
⇒15分冷凍

4
黒ごまの四角柱1辺1.5cm（常温）2本を3の上にのせてなじませる。

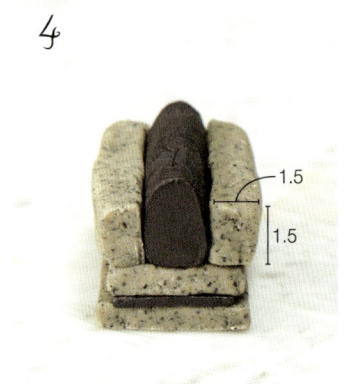

完成	*8*	*5*

*10*を*8*のサイドにつけてしっかりなじませる。　⇒30分以上冷凍

0.7〜0.8cmにスライスし、170℃に予熱しておいたオーブンで15分ほど焼き、温度を160℃に下げ、さらに5〜8分ほど焼く。

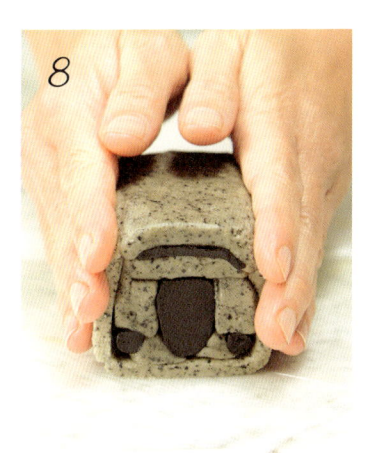

*7*を逆さにし、なじませて形を整える。　⇒15〜20分冷凍

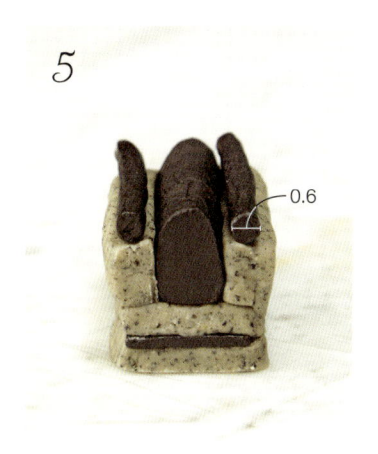

ブラックココアの円柱直径0.6cm（冷凍）2本を*4*の上にのせる。　⇒5分冷凍

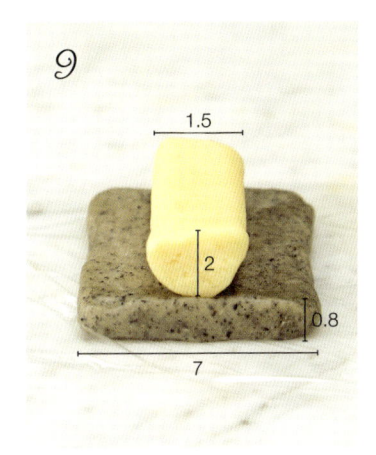

9

黒ごまのシート幅7×厚み0.8cm（常温）にプレーンのかまぼこ形底辺1.5×高さ2cm（冷凍）を逆さにしてのせる。

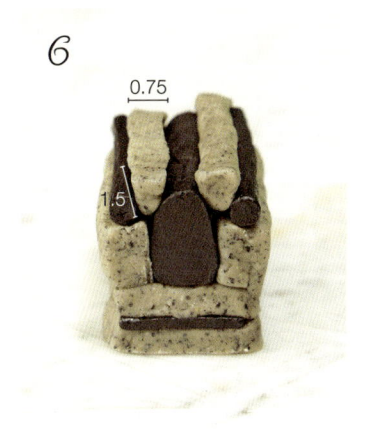

6

黒ごまの三角柱1辺1.5cm（常温）を1/2にカットし、*5*のすき間にのせてなじませる。　⇒5分冷凍

10

*9*をゆっくり巻いてなじませる。これを2本作る。　⇒15分冷凍

7

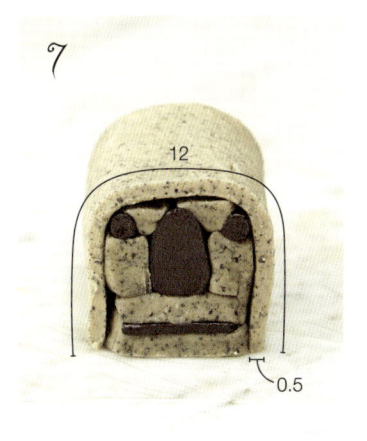

黒ごまのシート幅12×厚み0.5cm（常温）を*6*の上にのせる。

16
ふくろう

基本のパーツを作る　※長さはすべて8cm

みみ
ココアの直角三角柱底辺1.5×高さ1cm（冷凍）2本

目
ブラックココアの円柱直径1cm（冷凍）をプレーンのシート幅5×厚み0.2cm（常温）で巻いたパーツ2本

くちばし
カボチャの三角柱1辺1cm（常温）とカボチャの三角柱1辺1.5cm（冷凍）を合わせたもの

材料

★バター生地（できあがり約260g）
- 無塩バター　　　　130g
- 粉砂糖　　　　　　99g
- 全卵　　　　　　　34g
- 塩　　　　　　3つまみ程度

●茶／ココア（できあがり約250g）
- ★バター生地　　　125g
- ♥薄力粉　　　　　90g
- アーモンドパウダー　18g
- ココアパウダー　　17g

●ベージュ／きなこ（できあがり約160g）
- ★バター生地　　　80g
- ♥薄力粉　　　　　58g
- アーモンドパウダー　11g
- きなこ　　　　　　11g

●黒／ブラックココア（できあがり約60g）
- ★バター生地　　　30g
- ♥薄力粉　　　　　21g
- アーモンドパウダー　4g
- ブラックココアパウダー　3g
- ココアパウダー　　2g

●白／プレーン（できあがり約30g）
- ★バター生地　　　15g
- ♥薄力粉　　　　　12g
- アーモンドパウダー　3g

●黄／カボチャ（できあがり約20g）
- ★バター生地　　　10g
- ♥薄力粉　　　　　7g
- アーモンドパウダー　2g
- パンプキンパウダー　2g

※作り手の力加減によってパーツのサイズが異なるため、実際の使用量より多めの分量にしています。

作り方
1. ★の材料でバター生地を作る（作り方は48ページ参照）。
2. ♥の材料を加え、5色の生地を作る。

3
きなこのシート幅9×厚み0.8cm（常温）で2を巻く。

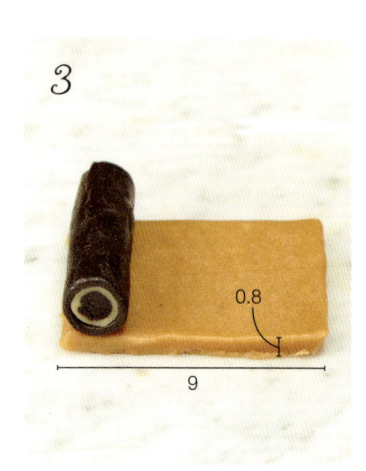

1 
目のパーツ（作り方は53ページ参照）を2本作り、ブラックココアのシート幅6×厚み0.2cm（常温）で巻く。

4 
3を巻いたパーツ。接続面をなじませて形を整える。これを2本作る。
⇒15分冷凍

2
1を巻いたパーツ。接続面をなじませて形を整える。
⇒15分冷凍

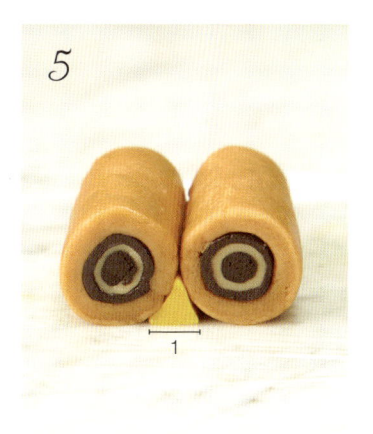

11

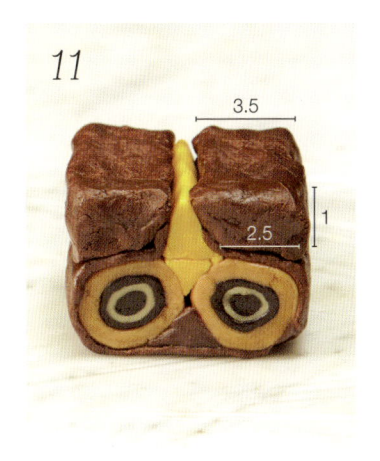

ココアの台形底辺3.5×上辺2.5×高さ1cm（常温）2本を10の上にのせる。

8

ココアの幅18×厚み0.8cmのシートの上に逆さにした7をのせる。

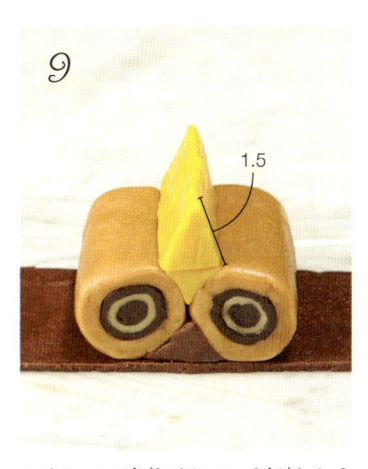

5

カボチャの三角柱1辺1cm（常温）を4につけてなじませる。

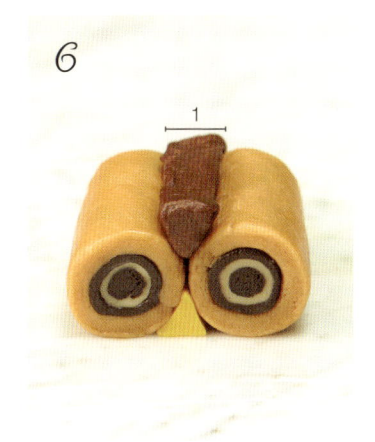

12

11の生地をのばすようになじませ、くちばし部分を覆い、すき間を埋める。
⇒15～20分冷凍

9

カボチャの三角柱1辺1.5cm（冷凍）を8の上にのせてなじませる。

6

ココアの三角柱1辺1cm（常温）を5の上にのせる。

完成

ココアの直角三角柱底辺1.5×高さ1cm（冷凍）を逆さにした12のサイドにつけてなじませたら完成。 ⇒30分以上冷凍

0.7～0.8cmにスライスし、つまようじで模様を描いたら、170℃に予熱しておいたオーブンで15分ほど焼き、温度を160℃に下げ、さらに5～8分ほど焼く。

10

9の生地を巻いてなじませる。
⇒15～20分冷凍

7

6を指でなじませながら、生地をのばす。
⇒15分冷凍

18 シロクマ

基本のパーツを作る
※長さはすべて8cm

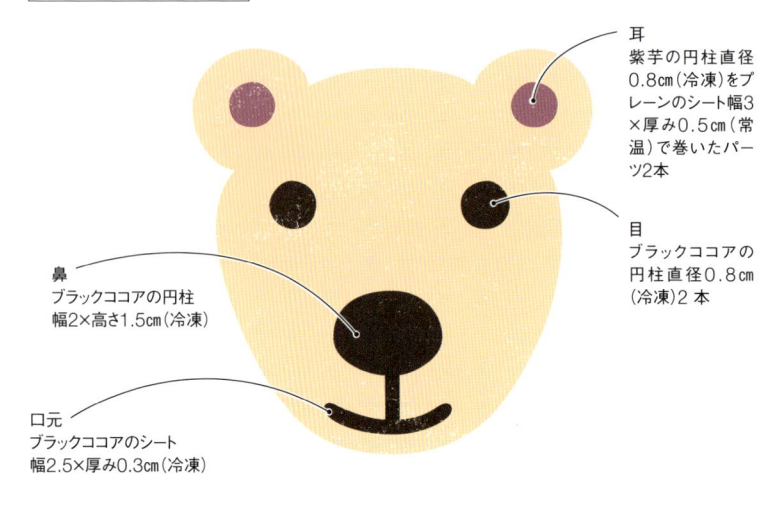

- **耳**　紫芋の円柱直径0.8cm（冷凍）をプレーンのシート幅3×厚み0.5cm（常温）で巻いたパーツ2本
- **目**　ブラックココアの円柱直径0.8cm（冷凍）2本
- **鼻**　ブラックココアの円柱幅2×高さ1.5cm（冷凍）
- **口元**　ブラックココアのシート幅2.5×厚み0.3cm（冷凍）

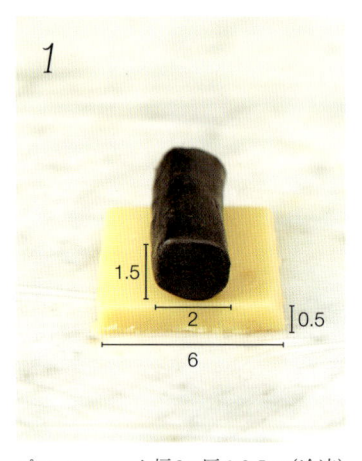

材料

★バター生地（できあがり約220g）
- 無塩バター　110g
- 粉砂糖　82g
- 全卵　30g
- 塩　2つまみ程度

🟡 **白／プレーン**（できあがり約340g）
- ★バター生地　170g
- ♥薄力粉　140g
- アーモンドパウダー　30g

⚫ **黒／ブラックココア**（できあがり約70g）
- ★バター生地　35g
- ♥薄力粉　25g
- アーモンドパウダー　5g
- ブラックココアパウダー　4g
- ココアパウダー　2g

🟣 **紫／紫芋**（できあがり約20g）
- ★バター生地　10g
- ♥薄力粉　7g
- アーモンドパウダー　2g
- 紫芋パウダー　2g

※作り手の力加減によってパーツのサイズが異なるため、実際の使用量より多めの分量にしています。

作り方

1. ★の材料でバター生地を作る（作り方は48ページ参照）。
2. ♥の材料を加え、3色の生地を作る。

1 プレーンのシート幅6×厚み0.5cm（冷凍）の上にブラックココアの円柱幅2×高さ1.5cm（冷凍）をのせる。

2 プレーンの三角柱1辺1.5cm（冷凍）を1/2にカットしたものを1にのせ、なじませてすき間を埋める。

3 プレーンの円柱直径1.5cm（常温）2本を2の上にのせ、なじませてすき間を埋める。　⇒15分冷凍

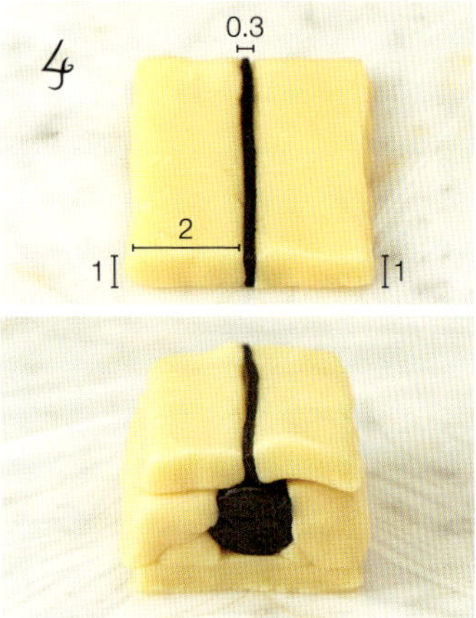

4 ブラックココアのシート幅1×厚み0.3cm（冷凍）を、プレーンの板状幅2×高さ1cm（常温）2本で挟み、3の上にのせ、なじませる。　⇒15〜20分冷凍

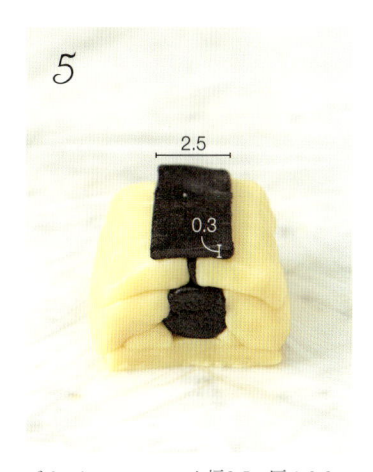

11
プレーンのシート幅6×厚み0.5cm（常温）を10の上にのせ、形を整えながらなじませる。
⇒15〜20分冷凍

8
ブラックココアの円柱直径0.8cm（冷凍）2本を7のくぼみにのせ、すき間を埋める。
⇒15分冷凍

5
ブラックココアのシート幅2.5×厚み0.3cm（冷凍）を4の上にのせる。

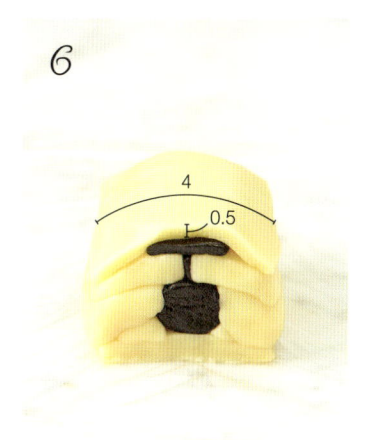

12
紫芋の円柱直径0.8cm（冷凍）をプレーンのシート幅3×厚み0.5cm（常温）で巻く。これを2本作る。
⇒5分冷凍

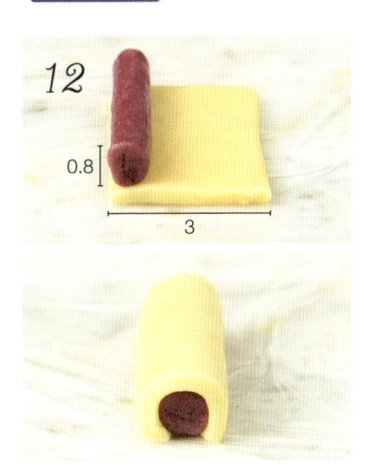

9
プレーンの台形底辺2×上辺3×高さ2cm（常温）を8の上にのせる。

6
プレーンのシート幅4×厚み0.5cm（常温）を5の上にのせてなじませる。
⇒15〜20分冷凍

完成
12を11にしっかりつけ、なじませて完成。
⇒30分以上冷凍

0.7〜0.8cmにスライスし、170℃に予熱しておいたオーブンで15分ほど焼き、温度を160℃に下げ、さらに5〜8分ほど焼く。

10
9をなじませるように生地をのばし、目のパーツを覆う。
⇒15〜20分冷凍

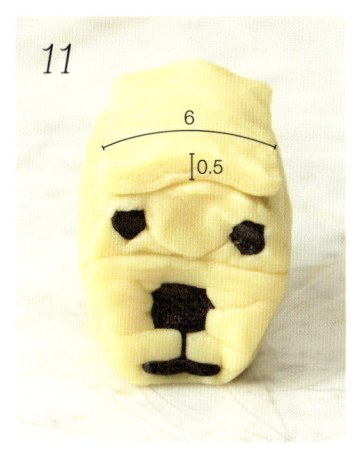

7
6を逆さにし、プレーンのシート幅6×厚み0.5cm（常温）をのせ、はしでくぼみを2本作る。

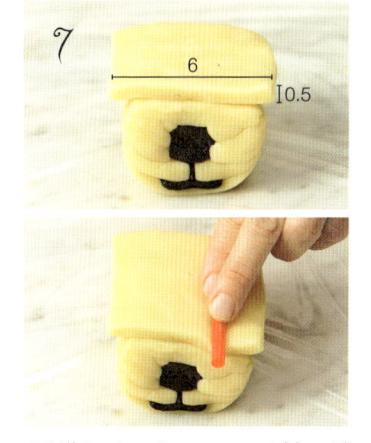

17 ペンギン

基本のパーツを作る
※長さはすべて8cm

- 目　ブラックココアの円柱直径0.5cm（冷凍）2本
- くちばし　カボチャの四角柱1辺0.8cm（冷凍）

材料

★バター生地（できあがり約260g）
- 無塩バター……130g
- 粉砂糖……99g
- 全卵……34g
- 塩……3つまみ程度

● 黒／ブラックココア（できあがり約280g）
- ★バター生地……140g
- ♥薄力粉……98g
- アーモンドパウダー……21g
- ブラックココアパウダー……14g
- ココアパウダー……7g

○ 白／プレーン（できあがり約220g）
- ★バター生地……110g
- ♥薄力粉……90g
- アーモンドパウダー……20g

● 黄／カボチャ（できあがり約20g）
- ★バター生地……10g
- ♥薄力粉……7g
- アーモンドパウダー……2g
- パンプキンパウダー……2g

※作り手の力加減によってパーツのサイズが異なるため、実際の使用量より多めの分量にしています。

作り方

1. ★の材料でバター生地を作る（作り方は48ページ参照）。
2. ♥の材料を加え、3色の生地を作る。

---

1 プレーンのシート幅7×厚み1cm（冷凍）の上に、プレーンの三角柱幅1.5cm（常温）を1/2にカットしてのせる。

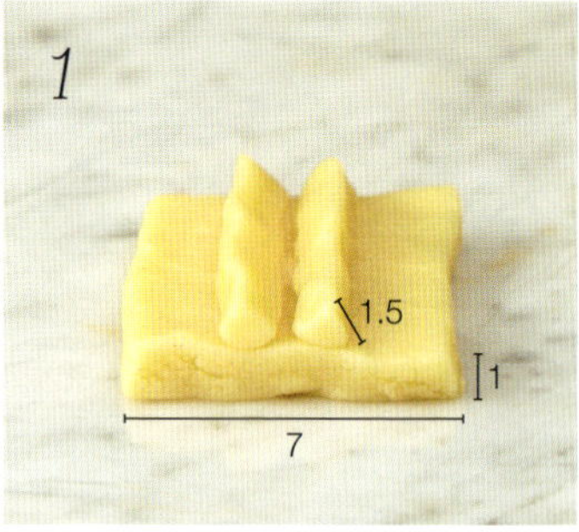

2 カボチャの四角柱1辺0.8cm（冷凍）をブラックココアのシート幅5.5×厚み0.8cm（常温）で巻いたパーツを1の上にのせてなじませる。⇒15〜20分冷凍

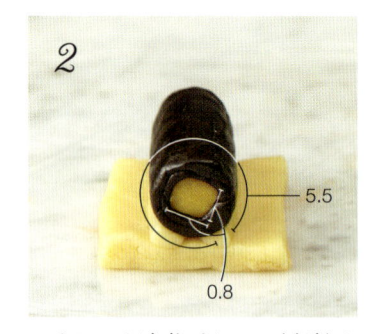

3 プレーンの四角柱底辺2×高さ1.5cm（常温）2本を2にのせてなじませ、その上にブラックココアの円柱直径0.5cm（冷凍）をプレーンのシート幅5.5×厚み0.8cm（常温）で巻いたパーツを2本のせる。⇒15〜20分冷凍

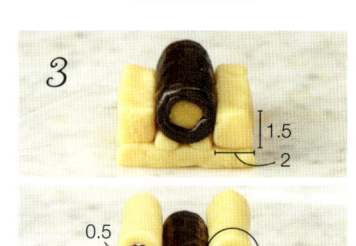

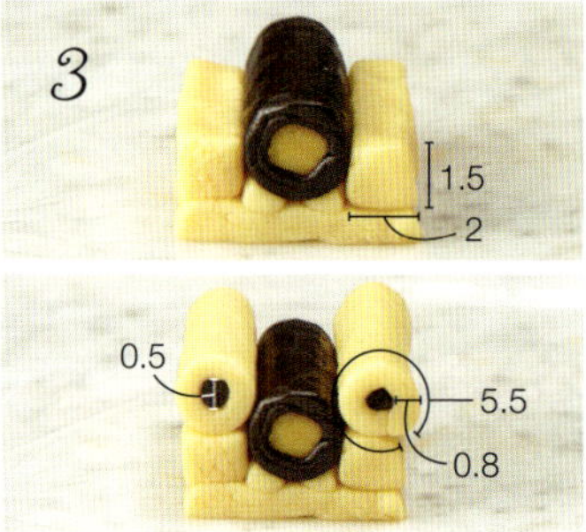

4 ブラックココアの台形底辺2×上辺3×高さ2cm（常温）を3の上にのせ、生地をのばすようになじませる。⇒15〜20分冷凍

5 ブラックココアのシート幅4×厚み1cm（常温）を4の上にのせ、形を整える。

完成 ブラックココアのシート幅19×厚み0.5cm（常温）を5の上にのせ、なじませて形を整えたら完成。⇒30分以上冷凍

0.7〜0.8cmにスライスし、つまようじでくちばしを描いたら、170℃に予熱しておいたオーブンで15分ほど焼き、温度を160℃に下げ、さらに5〜8分ほど焼く。

19

覆面レスラー
（かぶり）

基本のパーツを作る
※長さはすべて8cm

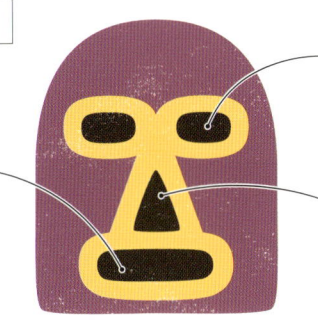

口
ブラックココアの楕円柱幅3×高さ0.5cm（冷凍）をカボチャのシート幅7.5×厚み0.5cm（常温）で巻いたパーツ

目
ブラックココアの楕円柱底辺1.2×高さ0.5cm（冷凍）をカボチャのシート幅5.5×厚み0.5cm（常温）で巻いたパーツ2本

鼻
ブラックココアの三角柱1辺1cm（冷凍）をカボチャのシート幅5×厚み0.5cm（常温）で巻いたパーツ

材料

★バター生地（できあがり約220g）
無塩バター	110g
粉砂糖	82g
全卵	30g
塩	2つまみ程度

●紫／紫芋（できあがり約260g）
★バター生地	130g
♥薄力粉	94g
アーモンドパウダー	18g
紫芋パウダー	18g

●黄／カボチャ（できあがり約130g）
★バター生地	65g
♥薄力粉	47g
アーモンドパウダー	9g
パンプキンパウダー	9g

●黒／ブラックココア（できあがり約55g）
★バター生地	23g
♥薄力粉	16g
アーモンドパウダー	3g
ブラックココアパウダー	11g

※作り手の力加減によってパーツのサイズが異なるため、実際の使用量より多めの分量にしています。

作り方

1 ★の材料でバター生地を作る（作り方は48ページ参照）。
2 ♥の材料を加え、3色の生地を作る。

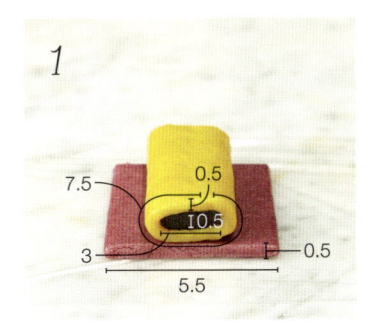

1 ブラックココアの楕円柱幅3×高さ0.5cm（冷凍）をカボチャのシート幅7.5×厚み0.5cm（常温）で巻いたパーツを、紫芋のシート幅5.5×厚み0.5cm（冷凍）の上にのせる。⇒5分冷凍

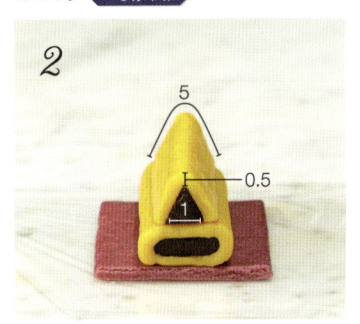

2 ブラックココアの三角柱1辺1cm（冷凍）をカボチャのシート幅5×厚み0.5cm（常温）で巻いたパーツを1にのせる。⇒5分冷凍

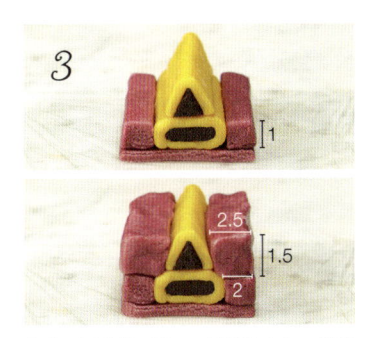

3 紫芋の四角柱1辺1cm（常温）2本、紫芋の台形底辺2×上辺2.5×高さ1.5cm（常温）を2の上に順にのせてなじませる。

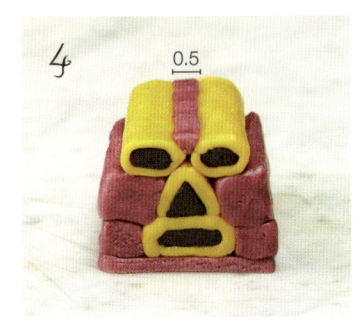

4 目のパーツ（作り方は53ページ参照）2本を3の上にのせ、カボチャの三角柱1辺0.5cm（常温）ですき間を埋めるようになじませる。⇒15～20分冷凍

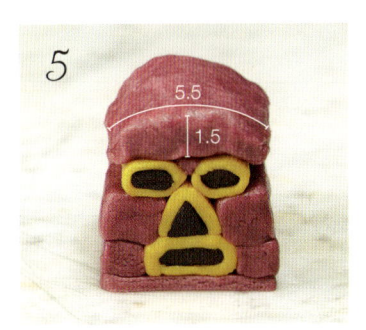

5 紫芋のかまぼこ形底辺5.5×高さ1.5cm（常温）を4の上にのせる。

完成 
5の生地をのばしてすき間を埋め、形を整えたら完成。⇒30分以上冷凍

0.7～0.8cmにスライスし、170℃に予熱しておいたオーブンで15分ほど焼き、温度を160℃に下げ、さらに5～8分ほど焼く。

19

覆面レスラー
(ハーフ)

基本のパーツを作る
※長さはすべて8cm

- **右目**: ブラックココアの円柱幅1×高さ0.8cm（冷凍）をカボチャのシート幅4×厚み0.3cm（常温）で巻いたパーツ
- **左目**: ブラックココアの円柱幅1×高さ0.8cm（冷凍）を抹茶のシート幅4×厚み0.3cm（常温）で巻いたパーツ
- **口**: ブラックココアの楕円柱幅1.5×高さ0.5cm（冷凍）を紫芋のシート幅5×厚み0.3cm（常温）で巻いたパーツ

材料

★ バター生地（できあがり約180g）
- 無塩バター ……………………… 90g
- 粉砂糖 …………………………… 68g
- 全卵 ……………………………… 24g
- 塩 ………………………… 2つまみ程度

● 緑／抹茶（できあがり約155g）
- ★バター生地 …………………… 78g
- ♥薄力粉 ………………………… 57g
- アーモンドパウダー …………… 11g
- 抹茶パウダー …………………… 9g

● 黄／カボチャ（できあがり約155g）
- ★バター生地 …………………… 78g
- ♥薄力粉 ………………………… 56g
- アーモンドパウダー …………… 11g
- パンプキンパウダー …………… 11g

● 黒／ブラックココア（できあがり約25g）
- ★バター生地 …………………… 13g
- ♥薄力粉 ………………………… 9g
- アーモンドパウダー …………… 2g
- ブラックココアパウダー ……… 2g

● 紫／紫芋（できあがり約20g）
- ★バター生地 …………………… 10g
- ♥薄力粉 ………………………… 7g
- アーモンドパウダー …………… 2g
- 紫芋パウダー …………………… 2g

※作り手の力加減によってパーツのサイズが異なるため、実際の使用量より多めの分量にしています。

作り方

1. ★の材料でバター生地を作る（作り方は48ページ参照）。
2. ♥の材料を加え、4色の生地を作る。

1 抹茶・カボチャのシート幅3×厚み1cm（冷凍）を作る。

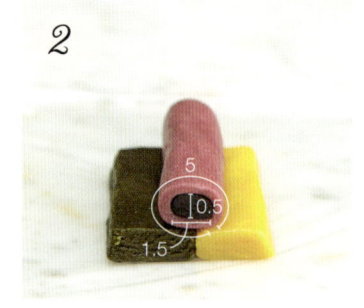

2 1を合わせてなじませ、ブラックココアの楕円柱幅1.5×高さ0.5cm（冷凍）を紫芋のシート幅5×厚み0.3cm（常温）で巻いたパーツを上にのせる。⇒5分冷凍

3 抹茶・カボチャの四角柱幅2×高さ1cm（常温）、抹茶・カボチャのシート幅3×厚み1cm（常温）を2の上にのせてなじませる。

4 目のパーツ（作り方は53ページ参照）2本、抹茶・カボチャの四角柱幅0.5×高さ1cm（常温）を各1本作り、3の上にのせてなじませる。⇒15～20分冷凍

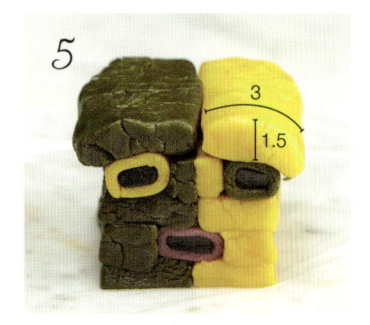

5 抹茶・カボチャのイチョウ型幅3×高さ1.5cm（常温）を4の上にのせる。

完成 5の生地をのばしながらなじませて、目の横を覆う。形を整えて完成。⇒30分以上冷凍

0.7～0.8cmにスライスし、170℃に予熱しておいたオーブンで15分ほど焼き、温度を160℃に下げ、さらに5～8分ほど焼く。

19

覆面レスラー
（トライアングル）

基本のパーツを作る
※長さはすべて8cm

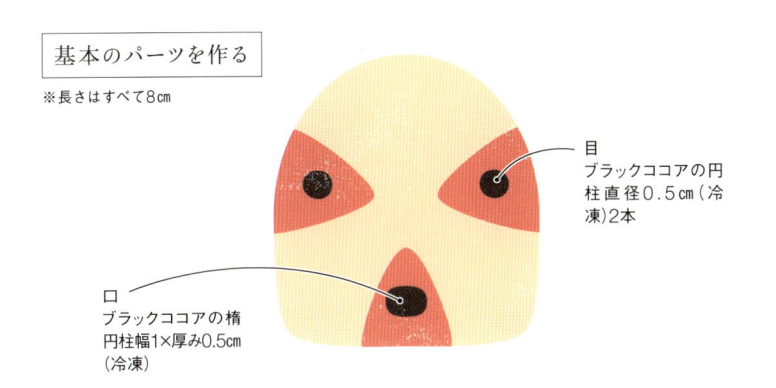

目　ブラックココアの円柱直径0.5cm（冷凍）2本

口　ブラックココアの楕円柱幅1×厚み0.5cm（冷凍）

材料

★バター生地（できあがり約155g）
- 無塩バター　　　　　　78g
- 粉砂糖　　　　　　　　59g
- 全卵　　　　　　　　　20g
- 塩　　　　　　　　1つまみ程度

🟡白／プレーン（できあがり約220g）
- ★バター生地　　　　　110g
- ♥薄力粉　　　　　　　　90g
- アーモンドパウダー　　　20g

🔴赤／ラズベリー（できあがり約70g）
- ★バター生地　　　　　　35g
- ♥薄力粉　　　　　　　　26g
- アーモンドパウダー　　　5g
- ラズベリーパウダー　　　4g

⚫黒／ブラックココア（できあがり約20g）
- ★バター生地　　　　　　10g
- ♥薄力粉　　　　　　　　7g
- アーモンドパウダー　　　2g
- ブラックココアパウダー　2g

※作り手の力加減によってパーツのサイズが異なるため、実際の使用量より多めの分量にしています。

作り方

1. ★の材料でバター生地を作る（作り方は48ページ参照）。
2. ♥の材料を加え、3色の生地を作る。

---

1 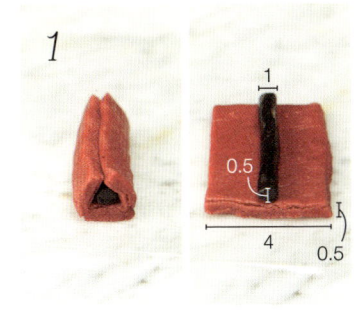 ブラックココアの楕円柱幅1×高さ0.5cm（冷凍）をラズベリーのシート幅4×厚み0.5cm（常温）で巻き、三角形に形成してなじませる。⇒15分冷凍

2 プレーンの台形底辺1.5×上辺2.5×高さ2.5cm（常温）2本を、1の横に並べてなじませる。⇒15分冷凍

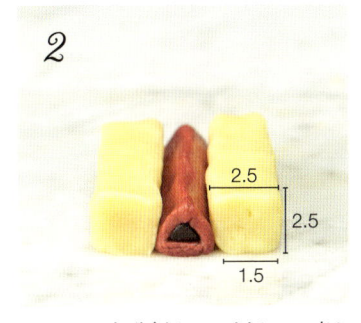

3 プレーンの三角柱底辺2×高さ1.5cm（常温）2本を2の上にのせてなじませる。

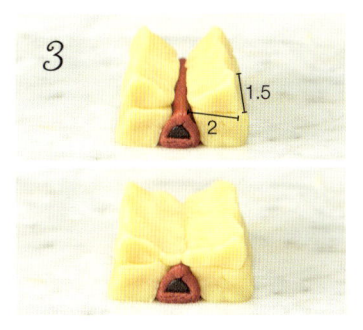

4 ブラックココアの円柱直径0.5cm（冷凍）2本を、ラズベリーのシート幅4×厚み0.5cm（常温）2枚で巻き、三角形に形成したら15分冷凍し、3の上にのせる。⇒15分冷凍

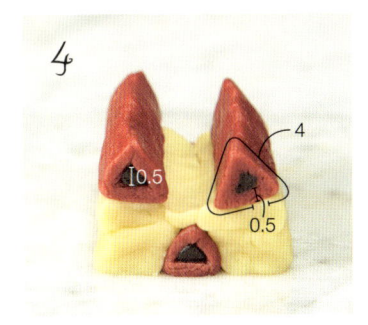

5 プレーンのイチョウ形1辺4cm（常温）を4の上にのせる。

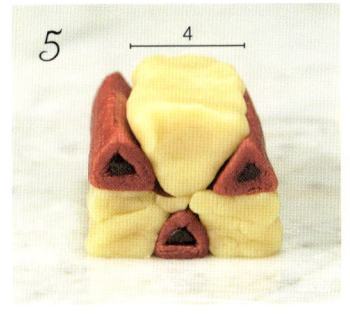

完成 5をなじませて、形を整えたら完成。⇒30分以上冷凍

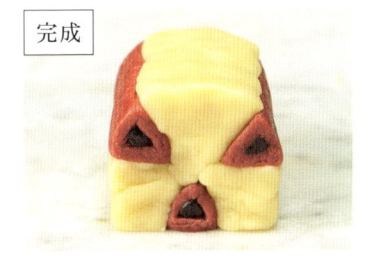

0.7〜0.8cmにスライスし、170℃に予熱しておいたオーブンで15分ほど焼き、温度を160℃に下げ、さらに5〜8分ほど焼く。

20 ケーキ

基本のパーツを作る
※長さはすべて8cm

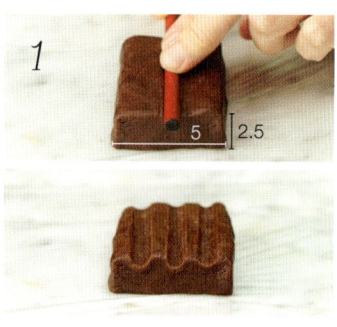

ストロベリー
ストロベリーの円柱直径
0.6cm（冷凍）3本

材料

★バター生地（できあがり約175g）
- 無塩バター ……………… 86g
- 粉砂糖 …………………… 66g
- 全卵 ……………………… 23g
- 塩 ………………… 2つまみ程度

●茶／ココア（できあがり約255g）
- ★バター生地 …………… 128g
- ♥薄力粉 ………………… 92g
- アーモンドパウダー ……… 18g
- ココアパウダー …………… 18g

●白／プレーン（できあがり約65g）
- ★バター生地 …………… 33g
- ♥薄力粉 ………………… 27g
- アーモンドパウダー ……… 6g

●ピンク／ストロベリー（できあがり約25g）
- ★バター生地 …………… 13g
- ♥薄力粉 ………………… 9g
- アーモンドパウダー ……… 2g
- ストロベリーパウダー …… 2g

※作り手の力加減によってパーツのサイズが異なるため、実際の使用量より多めの分量にしています。

作り方

1. ★の材料でバター生地を作る（作り方は48ページ参照）。
2. ♥の材料を加え、3色の生地を作る。

1
ココアの四角柱幅5×高さ2.5cm（常温）にはしでくぼみを3本作る。

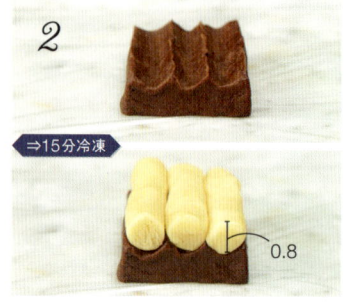

2
1のくぼみの形を整え、プレーンの円柱直径0.8cm（常温）7本を作り、そのうち3本をくぼみに入れる。 
⇒15分冷凍

3
2をなじませて、上辺を平らに整える。
⇒15分冷凍

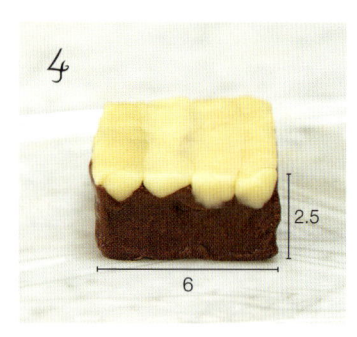

4
ココアの四角柱幅6×高さ2.5cm（常温）を1〜3同様に、残りのパーツをくぼみに入れて整える。

5
4の上に3をのせてなじませる。

完成
ストロベリーの円柱直径0.6cm（冷凍）3本を5の上にのせ、なじませたら完成。
⇒30分以上冷凍

0.7〜0.8cmにスライスし、170℃に予熱しておいたオーブンで15分ほど焼き、温度を160℃に下げ、さらに5〜8分ほど焼く。

21 プレゼント

基本のパーツを作る
※長さはすべて8cm

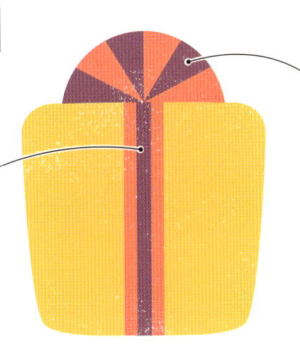

リボン（帯状）
紫芋のシート幅5×厚み0.3cm（冷凍）1枚を、ストロベリーのシート幅5×厚み0.3cm（冷凍）2枚で挟んだパーツ

リボン
紫芋・ストロベリーの三角柱1辺1.5cm（冷凍）を1/2にカットしたものを3本ずつを交互に重ねたパーツ

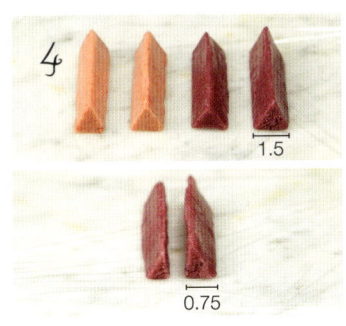

材料

★バター生地（できあがり約220g）
無塩バター	110g
粉砂糖	82g
全卵	30g
塩	2つまみ程度

● 黄／カボチャ（できあがり約320g）
★バター生地	160g
♥薄力粉	115g
アーモンドパウダー	23g
パンプキンパウダー	23g

● ピンク／ストロベリー（できあがり約70g）
★バター生地	35g
♥薄力粉	25g
アーモンドパウダー	5g
ストロベリーパウダー	6g

● 紫／紫芋（できあがり約50g）
★バター生地	25g
♥薄力粉	18g
アーモンドパウダー	4g
紫芋パウダー	3g

※作り手の力加減によってパーツのサイズが異なるため、実際の使用量より多めの分量にしています。

作り方
1. ★の材料でバター生地を作る（作り方は48ページ参照）。
2. ♥の材料を加え、3色の生地を作る。

4　紫芋・ストロベリーの三角柱1辺1.5cm（冷凍）をそれぞれ包丁で半分にカットし、各色3本ずつを使用する。

1　カボチャの四角柱1辺5cm（常温）を包丁で斜めにカットし、片方を逆向きにしておく。
⇒15分冷凍

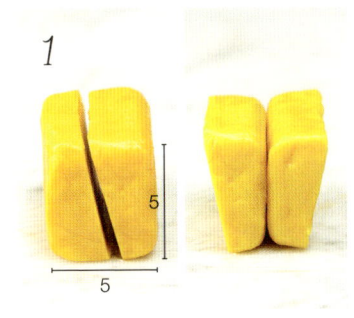

5　4のパーツを2色交互に重ねてなじませる。

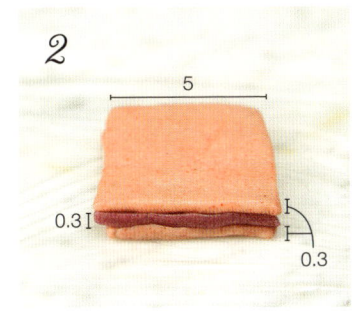

2　紫芋のシート幅5×厚み0.3cm（冷凍）を、ストロベリーのシート幅5×厚み0.3cm（冷凍）2枚で挟む。

完成　5を3にのせ、なじませたら完成。
⇒30分以上冷凍

0.7～0.8cmにスライスし、170℃に予熱しておいたオーブンで15分ほど焼き、温度を160℃に下げ、さらに5～8分ほど焼く。

3　2を1で挟んでなじませ、形を整える。
⇒15～20分冷凍

22 カボチャ

基本のパーツを作る
※長さはすべて8cm

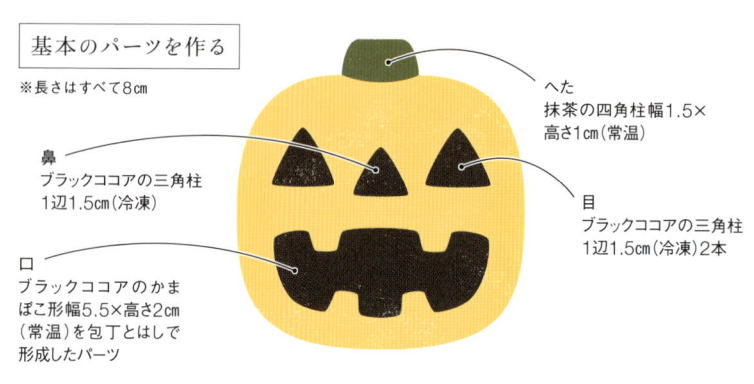

- へた：抹茶の四角柱幅1.5×高さ1cm（常温）
- 鼻：ブラックココアの三角柱1辺1.5cm（冷凍）
- 目：ブラックココアの三角柱1辺1.5cm（冷凍）2本
- 口：ブラックココアのかまぼこ形幅5.5×高さ2cm（常温）を包丁とはしで形成したパーツ

材料

★バター生地（できあがり約255g）
- 無塩バター……128g
- 粉砂糖……97g
- 全卵……33g
- 塩……3つまみ程度

●黄色（●紫色）／カボチャ（紫芋）（できあがり約330g）
- ★バター生地……165g
- ♥薄力粉……119g
- アーモンドパウダー……23g
- パンプキンパウダー……23g
  （紫芋パウダー）

●黒／ブラックココア（できあがり約150g）
- ★バター生地……75g
- ♥薄力粉……53g
- アーモンドパウダー……10g
- ブラックココアパウダー……8g
- ココアパウダー……4g

●緑／抹茶（できあがり約25g）
- ★バター生地……13g
- ♥薄力粉……9g
- アーモンドパウダー……2g
- 抹茶パウダー……2g

※作り手の力加減によってパーツのサイズが異なるため、実際の使用量より多めの分量にしています。

作り方

1. ★の材料でバター生地を作る（作り方は48ページ参照）。
2. ♥の材料を加え、3色の生地を作る。

1  ブラックココアのかまぼこ形幅5.5×高さ2cm（常温）に、上下2ヵ所ずつ包丁で切り込みを入れて、はしで四角く形成する。

2 1のくぼみにカボチャの円柱直径0.6cm（常温）を少しずつ埋めてなじませる。 ⇒15分冷凍

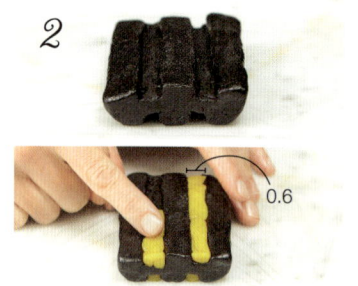

3 カボチャのシート幅13×厚み0.8cm（常温）の上に、カボチャのシート幅5.5×厚み0.8cm（常温）をのせた2をのせ、包んでなじませる。 ⇒15分冷凍

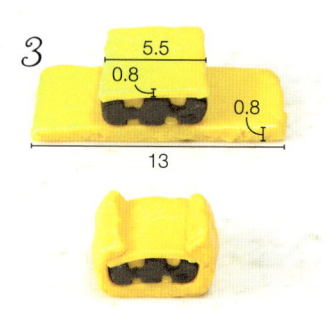

4 ブラックココアの三角柱1辺1.5cm（冷凍）3本を3の上にのせ、さらにカボチャの三角柱1辺2cm（常温）をのせてなじませる。 ⇒5分冷凍

5 カボチャのシート幅10×厚み0.8cm（常温）を4の上にのせてなじませる。

完成 抹茶の四角柱幅1.5×高さ1cm（常温）をのせ、なじませたら完成。 ⇒30分冷凍

0.7〜0.8cmにスライスし、170℃に予熱しておいたオーブンで15分ほど焼き、温度を160℃に下げ、さらに5〜8分ほど焼く。

23 魔女の帽子

基本のパーツを作る
※長さはすべて8cm

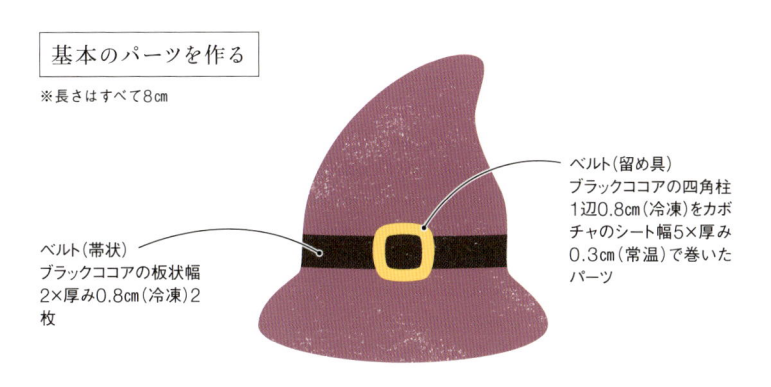

ベルト（帯状）
ブラックココアの板状幅2×厚み0.8cm（冷凍）2枚

ベルト（留め具）
ブラックココアの四角柱1辺0.8cm（冷凍）をカボチャのシート幅5×厚み0.3cm（常温）で巻いたパーツ

材料

★バター生地（できあがり約200g）
- 無塩バター ……………………… 100g
- 粉砂糖 …………………………… 75g
- 全卵 ……………………………… 27g
- 塩 ………………………… 2つまみ程度

● 紫／紫芋（できあがり約330g）
- ★バター生地 …………………… 165g
- ♥薄力粉 ………………………… 119g
- アーモンドパウダー …………… 23g
- 紫芋パウダー …………………… 23g

● 黒／ブラックココア（できあがり約45g）
- ★バター生地 …………………… 23g
- ♥薄力粉 ………………………… 16g
- アーモンドパウダー …………… 3g
- ブラックココアパウダー ……… 4g

● 黄／カボチャ（できあがり約20g）
- ★バター生地 …………………… 10g
- ♥薄力粉 ………………………… 7g
- アーモンドパウダー …………… 2g
- パンプキンパウダー …………… 2g

※作り手の力加減によってパーツのサイズが異なるため、実際の使用量より多めの分量にしています。

作り方

1 ★の材料でバター生地を作る（作り方は48ページ参照）。

2 ♥の材料を加え、3色の生地を作る。

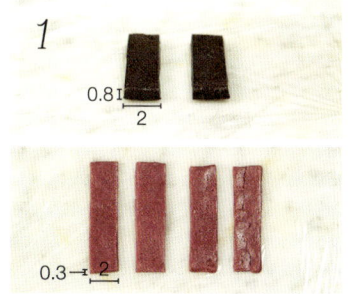

1 ブラックココアの板状幅2×厚み0.8cm（冷凍）2枚、紫芋のシート幅2×厚み0.3cm（常温）4枚を作る。

2 1のブラックココアのシート（冷凍）を紫芋のシート（常温）2枚で挟む。これを2本作る。
⇒15分冷凍

3 ブラックココアの四角柱1辺0.8cm（冷凍）をカボチャのシート幅5×厚み0.3cm（常温）で巻いたパーツを2で挟む。
⇒5分冷凍

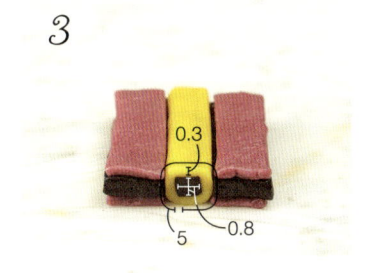

4 紫芋の台形底辺7×上辺5.5×高さ2cm（常温）の上に3をのせて、押さえるようになじませる。
⇒15〜20分冷凍

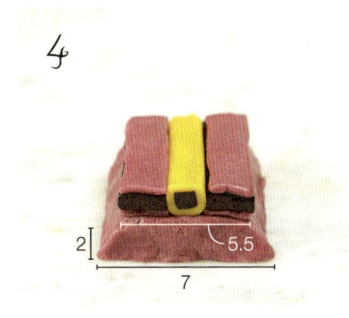

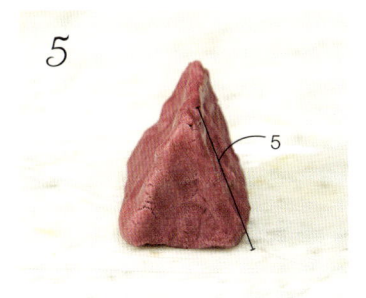

5 紫芋の三角柱1辺5cm（常温）を作る。

完成 5を4の上にのせて、上から押さえるようになじませたら完成。
⇒30分以上冷凍

0.7〜0.8cmにスライスし、170℃に予熱しておいたオーブンで15分ほど焼き、温度を160℃に下げ、さらに5〜8分ほど焼く。

24 くつ下

基本のパーツを作る
※長さはすべて8cm

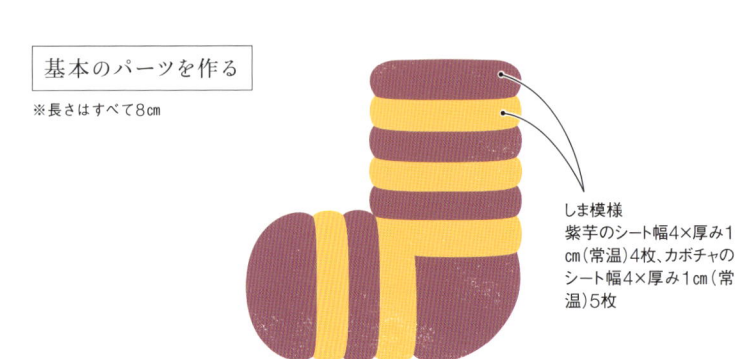

しま模様
紫芋のシート幅4×厚み1cm（常温）4枚、カボチャのシート幅4×厚み1cm（常温）5枚

材料

★バター生地（できあがり約250g）
- 無塩バター........125g
- 粉砂糖............95g
- 全卵..............33g
- 塩........2つまみ程度

●紫／紫芋（できあがり約300g）
- ★バター生地......150g
- ♥薄力粉..........108g
- アーモンドパウダー..21g
- 紫芋パウダー......21g

●黄／カボチャ（できあがり約200g）
- ★バター生地......100g
- ♥薄力粉...........72g
- アーモンドパウダー..14g
- パンプキンパウダー..14g

※作り手の力加減によってパーツのサイズが異なるため、実際の使用量より多めの分量にしています。

作り方

1 ★の材料でバター生地を作る（作り方は48ページ参照）。
2 ♥の材料を加え、2色の生地を作る。

1 紫芋のシート幅4×厚み1cm（常温）4枚、カボチャのシート幅4×厚み1cm（常温）5枚を作り、紫芋3枚とカボチャ2枚を交互に重ね、しっかりつける。⇒15分冷凍

2 1で残った紫芋のシート1枚とカボチャのシート1枚を重ね、紫芋のかまぼこ形底辺4×高さ1.5cm（冷凍）をのせてなじませる。⇒5分冷凍

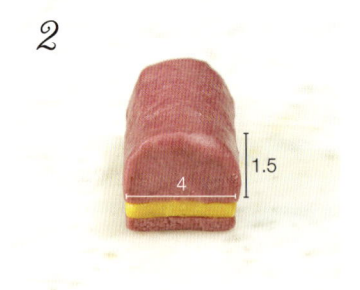

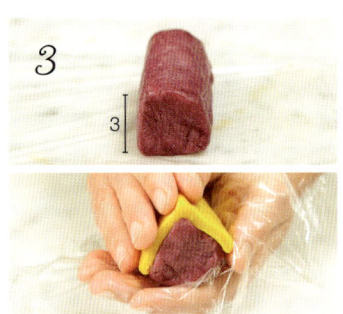

3 紫芋のイチョウ形1辺3cm（冷凍）を作り、直角の辺を2で残ったカボチャのシート2枚で包むようになじませる。

4 3に2をしっかりつけてなじませる。

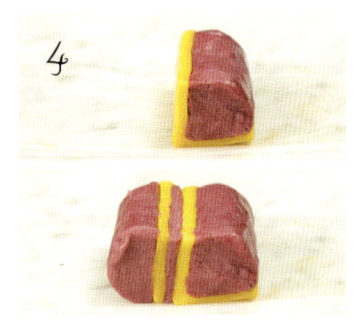

5 4を逆さにして形を整える。⇒15〜20分冷凍

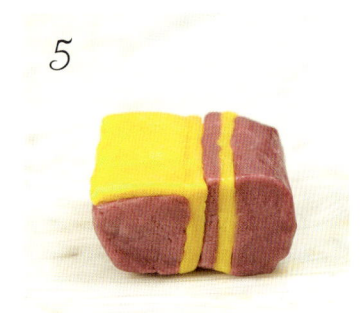

完成 5に1をのせてしっかりつけ、なじませたら完成。⇒30分以上冷凍

0.7〜0.8cmにスライスし、170℃に予熱しておいたオーブンで15分ほど焼き、温度を160℃に下げ、さらに5〜8分ほど焼く。

25
ツリー

基本のパーツを作る
※長さはすべて8cm

幹
ココアの四角柱幅2×厚み1cm（常温）

材料

★バター生地（できあがり約140g）
- 無塩バター......70g
- 粉砂糖......53g
- 全卵......18g
- 塩......1つまみ程度

● 緑／抹茶（できあがり約105g）
- ★バター生地......53g
- ♥薄力粉......39g
- アーモンドパウダー......7g
- 抹茶パウダー......6g

● 白／プレーン（できあがり約80g）
- ★バター生地......40g
- ♥薄力粉......33g
- アーモンドパウダー......7g

● 赤／ラズベリー（できあがり約65g）
- ★バター生地......33g
- ♥薄力粉......24g
- アーモンドパウダー......5g
- ラズベリーパウダー......4g

● 茶／ココア（できあがり約20g）
- ★バター生地......10g
- ♥薄力粉......7g
- アーモンドパウダー......2g
- ココアパウダー......2g

※作り手の力加減によってパーツのサイズが異なるため、実際の使用量より多めの分量にしています。

作り方
1. ★の材料でバター生地を作る（作り方は48ページ参照）。
2. ♥の材料を加え、4色の生地を作る。

1 抹茶のシート幅5×厚み1cm（常温）にプレーンのシート幅4.5×厚み1cm（常温）を重ねる。

2 1にラズベリーのシート幅4×厚み1cm（常温）、抹茶のシート幅3.5×厚み1cm（常温）の順で重ねる。

3 2にプレーンのシート幅3×厚み1cm（常温）、ラズベリーのシート幅2.5cm×厚み1cm（常温）の順に重ねる。

4 3に抹茶のシート幅2×厚み1cm（常温）を重ねて形を整える。
⇒15～20分冷凍

5 ココアの四角柱幅2×厚み1cm（常温）を逆さにした4にのせる。
⇒5分冷凍

完成 5をなじませてしっかりつけ、形を整えたら完成。⇒30分以上冷凍

0.7～0.8cmにスライスし、170℃に予熱しておいたオーブンで15分ほど焼き、温度を160℃に下げ、さらに5分ほど焼く。

著者

みのたけ製菓
河村愛子

神奈川県藤沢市出身。
雑誌の編集部に勤めるなかで、料理系の編集者を志すようになり、
ル・コルドン・ブルー東京校に入学。フランス菓子と料理を学び、ル・グラン・ディプロムを取得。
2012年より"みのたけ製菓"の屋号で、自分が大好きな素材や材料を使った焼き菓子を、
手づくり市等のイベントで販売している。

企画	二平絵美
編集	曽我英恵、柴遼太郎（フィグインク）
デザイン	平間杏子（スタジオダンク）
イラスト	なつこ工務店
製図	髙橋千恵子
撮影	市瀬真以（スタジオダンク）、三輪友紀
スタイリスト	木村ゆかり
材料協力	cotta http://www.cotta.jp/
撮影協力	UTUWA 03-6447-0070 〒150-0051　東京都渋谷区千駄ヶ谷3-50-11　明星ビルディング1F

切っても切ってもかわいい絵柄
生地が冷凍できる天然色のやさしいおやつ

みのたけ製菓のアイスボックスクッキー　NDC596

2015年9月15日　発　行
2016年8月5日　第4刷

著　者	みのたけ製菓
発行者	小川雄一
発行所	株式会社　誠文堂新光社 〒113-0033　東京都文京区本郷3-3-11 （編集）電話03-5805-7285 （販売）電話03-5800-5780 http://www.seibundo-shinkosha.net/
印刷・製本	図書印刷株式会社

©2015, minotakeseika. Printed in Japan　検印省略
禁・無断転載

落丁・乱丁本はお取り替え致します。
本書に掲載された記事の著作権は著者に帰属します。
これらを無断で使用し、展示・販売・レンタル・ワークショップ等、および商品化を行うことを禁じます。

本書のコピー、スキャン、デジタル化等の無断複製は、著作権法上での例外を除き、禁じられています。
本書を代行業者等の第三者に依頼してスキャンやデジタル化することは、たとえ個人や家庭内での利用であっても著作権法上認められません。

R〈日本複製権センター委託出版物〉
本書を無断で複写複製（コピー）することは、著作権法上の例外を除き、禁じられています。
本書をコピーされる場合は、日本複製権センター（JRRC）の許諾を受けてください。
JRRC〈http://www.jrrc.or.jp/　E-mail: jrrc_info@jrrc.or.jp　電話03-3401-2382〉

ISBN978-4-416-71533-8

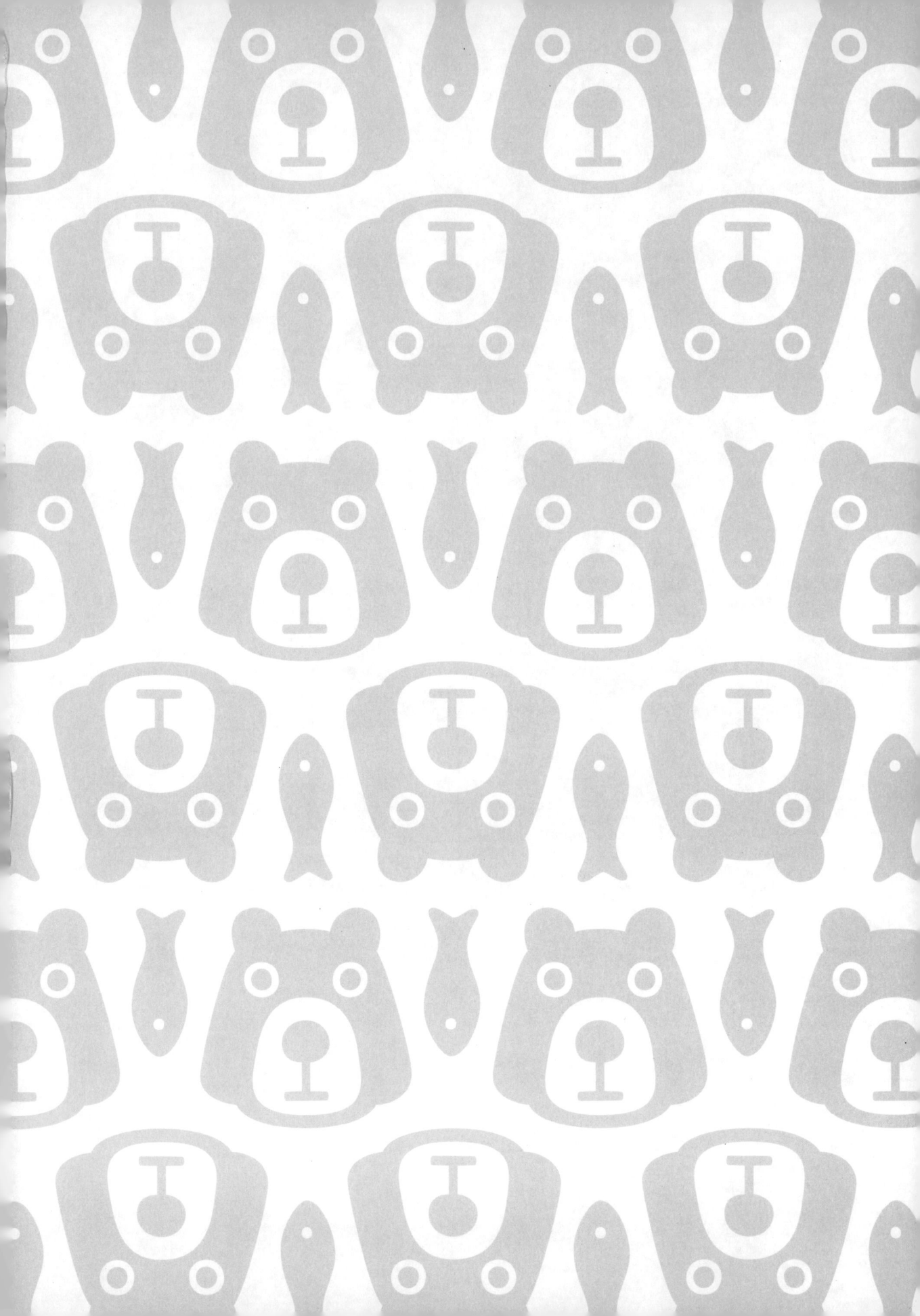